체면을 중시하는 한국의 리더들

체면을 중시하는 한국의 리더들

| | |
|---|---|
| 발행일 | 2025년 7월 31일 |
| 지은이 | 진승범, 진재언 |
| 펴낸이 | 손형국 |
| 펴낸곳 | (주)북랩 |
| 편집인 | 선일영 |
| 디자인 | 이현수, 김민하, 임진형, 안유경, 한수희 |
| 마케팅 | 김회란, 박진관 |
| 출판등록 | 2004. 12. 1(제2012-000051호) |
| 주소 | 서울특별시 금천구 가산디지털 1로 168, 우림라이온스밸리 B동 B111호, B113~115호 |
| 홈페이지 | www.book.co.kr |
| 전화번호 | (02)2026-5777 |

편집  김현아, 배진용, 김다빈, 김부경
제작  박기성, 구성우, 이창영, 배상진

팩스  (02)3159-9637

ISBN  979-11-7224-763-8 03300 (종이책)   979-11-7224-764-5 05300 (전자책)

잘못된 책은 구입한 곳에서 교환해드립니다.
이 책은 저작권법에 따라 보호받는 저작물이므로 무단 전재와 복제를 금합니다.
이 책은 (주)북랩이 보유한 리코 장비로 인쇄되었습니다.

**(주)북랩** 성공출판의 파트너
북랩 홈페이지와 패밀리 사이트에서 다양한 출판 솔루션을 만나 보세요!
홈페이지 book.co.kr • 블로그 blog.naver.com/essaybook • 출판문의 text@book.co.kr

작가 연락처 문의 ▶ ask.book.co.kr
작가 연락처는 개인정보이므로 북랩에서 알려드릴 수 없습니다.

체면을 알면 한국의 상류층이 보인다

# 체면을 중시하는 한국의 리더들

진승범, 진재언 지음

북랩

## 서문

## 한국인에게 체면은 왜 중요한가?

이 책을 내게 된 배경과 목적, 즉 이 책의 필요성을 잠시 논해 보자.

한국의 노블레스 오블리주의 핵심인 체면 유지와 체면 관리는 이규태 선생도 언급했지만, '목숨보다 소중한 체면'이 과거 한국의 양반이나 사대부들에게는 있었다.

지금도 체면 있는 집안에서는 체면 있는 사람이 되라고 엄청나게 교육을 시킨다. 그래서 한국에서 소위 양반이나 사대부 출신 집안에서 체면 유지나 체면 관리는 매우 중요한 교양이었다.

이 체면이라는 용어는 원래는 봉건군주제에서 왕의 권위를 유지하고, 왕의 권위를 세우기 위해서 필요한 것이다. 그리고 이러한 왕의 권위를 왕의 체면이라고도 하는데, 왕이 이러한 권위와 체면을 세우고 유지하기 위해서는 권위뿐만 아니라 위상, 급과 격, 인품과 품위 같은 다섯 가지 체면을 세우기 위한 노력과 관리가 필요한 것이다.

흔히 신문에서 "체면을 구기다", "체면이 떨어졌다", "체면을 세웠다", "체면 있는 자리에 있다", "체면치레는 했다" 등 체면과 관련하여, 주로 정치가의 행동을 문제 삼는 정치부 기자들이 많다.

그럼 정치가에게 왜 체면이 중요하고, 이 체면은 어떻게 세워지고 관리하는지를 알아야 할 것이다. 그러한 과정을 알기 위해서, 정치가에게 체면이 떨어지면 어떤 일이 벌어지는지를 우선 알아야 할 것이다.

이러한 정치가의 체면 행위는 여러 분야의 리더들에게 영향을 미쳐서 자신의 행동 준거나 범례로 삼는 것은 오늘만의 일이 아니다.

주의할 점은 과거 봉건 조선왕조 시절에는 '체면'은 단순한 이미지가 아니라 지위나 신분을 상징하는 생명 같은 가치였다는 점이다. 특히 왕실이나 양반, 그중에서도 당상관 이상의 사대부에게 체면은 목숨처럼 여겨졌다.

왜 그랬을까?
매우 당연하게도 체면이 떨어지면, 리더의 권위가 추락하고, 이미지가 추해지며, 리더십이 덜컹거리거나 와해되거나 심지어는 리더십 붕괴 현상이 일어나기도 한다.

그래서 연산군 이후 중종반정이나 광해 이후의 인조반정

을 보면, 왕이 체면을 지키지 않았을 때 반정이 일어나서 왕을 축출하는 명분이 되기도 하였다.

왕이나 사대부 가문처럼 체면을 지키는 데 목숨을 걸었던 집안에서는, 리더십을 공고히 하고 후대에 권위를 물려주기 위한 수단으로 체면을 중시했다. 이런 점에서 체면 행동은 비이성적인 감정 표현이 아니라, 매우 이성적이고 합리적인 행위로 볼 수 있다.

21세기 현대에서도 이러한 체면을 세우고, 유지하고, 지키고 하는 일에는 정치가는 기본이고, 소위 대기업 회장, 대학 총장, 도지사나 시장 심지어 시골 군수, 판검사, 목사나 당회장에 이르기까지 체면 유지는 목숨 같은 것이라고 보아야 할 것이다. 즉, 리더에게는 정치생명이나 다름없는 것이다.

지금은 일반인들도 "체면이 떨어졌다", "체면 좀 세워줘라", "자네 체면이 지금 뭔가", "체면치레 좀 하지"라는 체면 행동이나 의식, 관행과 관련된 일상적인 용어로 자리 잡은 지 오래다.

한국사회의 지도자나 리더에게는 체면을 지키고 유지하는 것이 리더십의 핵심 요소로 작용한다. 이 책은 그러한 체면과 유사한 기능을 하는 권위, 위상, 급과 격, 인격과 품격에 대해 논의한다.

### 체면이 사회생활에서 중요한 이유

우리는 흔히 사회생활에서 체면이 중요하다는 사실을 알고 있다. 하지만 정작 체면이 무엇인지 정확히 알고 사용하는 이는 드물다. 흔히들 "체면치레 좀 해라", "체면 차리지 말고 많이 드세요", "체면 좀 생각하세요"라는 말을 많이 한다.

그리고 체면 있는 지위나 신분에 대해 부러워하고, 나도 체면 있는 사람이 되고 싶다고 하면서 열심히 노력한다. 그럼 체면이 무엇이길래, 체면 있는 사람이 되려고 목숨 걸고 하는 것일까?

그것은 아주 단순하다. 체면이라는 용어를 한자 사전인 옥편에서 보면, 체면과 유사한 쓰임새를 갖는 한자어가 5개로 분류되어 있다.

맨 처음 나오는 체면의 유사 용어는 권위다.

즉, 정치에서 최고 권위자가 되는 것이다. 과거에는 왕이라고 보아야 할 것이다. 즉, 왕의 권위를 생각한다면 쉽게 이해할 수 있을 것이다. 이 정치가의 권위는 타인을 통솔하거나 지도하는 힘이나 영향력으로 개념이 서술되어 있는데, 이는 매우 타당한 말이다. 권위의 두 번째 사회적 지위는 교과서 저자나 권위 있는 논문의 저자다. 교과서 저자의 권위를 생각한다면, 그 분야의 1인자라고 보아야 할 정도로 영향력이 막강하다고 보아야 한다.

두 번째, 체면과 유사한 용어는 위상이다.

이 위상은 매우 중요하다. 당서열 1위와 당서열 2위, 대통령과 국무총리와 장관들의 위상을 생각해보라. 당서열 1위와 대통령은 당서열 2위나 국무총리를 교체할 합법적 권위가 있다. 그래서 위상은 매우 중요한 체면 용어다. 그리고 흔히 G1, G2, G5, G7, G20을 말하는데, 이는 유엔에서 국가의 위상을 말한다. G20 이하의 나라 위상과 비교해보라. 얼마나 국가의 영향력 차이가 나는지를 실감하게 될지도 모른다.

세 번째는 급과 격이다.
위상에서 급이 결정되는데, 예를 들어, 대통령급 의전서열이나 의전의 모양새와 장관이나 총리급 의전이나 의전의 모양새는 천지 차이가 있다.

네 번째는 인품이다. 인격에 관한 사항이다.

정치가에서 인격은 인품에 관한 사항이다. 만일 첩이나 숨겨둔 부인이 있다거나 여성 문제로 스캔들을 일으킨다면, 체면이 떨어져서 그의 정치 인생이 끝날 수도 있다. 그래서, 체면 문화는 여성 문화이기도 한 것이다.

다섯 번째는 품위다. 품격 높은 언어 구사는 여성에게 매우 중요하다.

정치가 비어나 속어 같은 욕을 한다면, 이 또한 품위나 격조 있는 언어를 사용하지 않아서 체면이 떨어질 수 있다. 체면이 떨어지면 어떻게 되는지에 관하여 최상진과 한국인 심리학 연구실 소속 연구원들이 조사한 바는 아래에 있다.

이러한 체면 문화는 남성에게도 중요하지만, 사실은 여성 문화다. 왜냐하면, 정치의 최고 권위자가 왕이거나 교과서 저자라고 생각해보자.

그래서 만일 위에서 열거한 체면의 유사 용어인, 권위나 위상, 격과 급, 인격과 품위를 지키지 않으면, 정치가는 어떻게 될까?

즉 체면이 떨어지면, 어떻게 될까?

최상진에 의하면, '권위가 추락한다. 이미지가 추해진다. 그래서 리더십이 덜컹거리거나 와해의 조짐이 보인다'라고 주장하는데, 대부분의 현실에서 매우 타당한 주장으로 보인다.

그래서 한국에서는 정치가를 중심으로 소위 체면 있다는 사회적 신분이나 직위 그리고 직업을 가진 분들은 체면을 중시하고, 체면에 관한 사항을 관리하거나 체면과 관계된 일에는 민감하게 반응한다.

그래서 한국인의 체면은 과거에는 왕의 언어이자 사대부

의 언어였는데, 현대에서는 누구나 체면 있는 사람이 될 수 있고, 체면을 관리하는 것이 자신의 리더십을 보호하고 영향력을 확대하는 목적을 가지고 체면을 관리하는 분이이 주변에 많을 것이라고 생각된다.

이 체면이라는 용어는 과거 봉건적 영주인 왕의 용어였고, 봉건 군주제가 무너졌고, 자유민주주의 정치제도 하에서 민주적 선거로 대통령이나 국회의원을 선출하여, 대단히 자유로운 세상이 되었고, 고리타분한 체면에 얽매이지 않아도 될 것 같지만, 오히려 이 체면을 세우고 관리하는 봉건적 의식행태가 없어졌으며, 오히려 더 심화되어가니 이것이 매우 궁금하다.

그래서 이러한 한국인의 체면과 관련된 의식과 체면의 사회적 용도와 쓰임새를 나름의 연구와 자료를 조사해서 이 책을 쓰게 되었다.

## 목차

서문 · 5

### 1장 체면의 기초 개념

1. 체면의 개념 · 21
2. 체면과 유사한 5가지 용어 · 24

   1) 권위(權威) · 26

   2) 위상(位相)3 · 27

   3) 격과 급: 의전과 모양새 · 28

   4) 인격과 인품 · 30

   5) 품위와 품격 · 32

## 2장 전통과 현대의 리더십

3. 봉건적인 체면 리더십은 21세기에도 여전히 유효한가? ·37

4. 체면의식과 체면문화 ·40

5. 21세기에도 리더들은 체면을 관리해야 하는 이유는 무엇인가? ·42

   1) 직업과 신분은 어느 정도 되어야 하는가? ·43

   2) 정치가에게 가장 중요한 체면 요소는 무엇인가? ·44


## 3장 유교와 체면 가치

6. 체면의 개념 2 ·55

   1) 장유유서(長幼有序) ·60

   2) 부자유친(父子有親) ·61

   3) 붕우유신(朋友有信) ·62

## 4장 개인과 체면의 심리

7. 체면과 개인 ·67

8. 개인의 체면 욕구 ·70

9. 체면과 남녀관계 ·76

10. 대인관계 규범으로서 체면 ·79

11. 체면 손상에 대한 심리적 부담감 ·82

12. 체면과 예의 염치 ·88

13. 체면과 격식과 모양새 ·92

14. 체면치레: 처세의 기본 ·98

15. 여성과 체면 욕구 ·102

## 5장  체면과 조직, 사회

16. 조직문화와 눈치 ・109

17. 체면과 눈치 ・113

18. 체면을 내려놓아야 할 때: 체면과 연고와 인맥의 중요성 ・118

19. 체면에 민감한 한국인 ・123

20. 체면과 인정 ・126

21. 체면과 사회적 동조 ・132

22. 체면유지와 과시소비와 과소비의 문제점 ・135


## 6장  체면 문화의 정점

23. 체면 문화 ・141

24. 체면 문화와 대한민국 주류 ・147

25. 상대방의 체면 세워주기의 긍정적 효과 ・150

26. 체면 있는 회사나 브랜드 명명 전략 ・154

# 1장
# 체면의 기초 개념

# 1.
# 체면의 개념

원래 '체면'이라는 개념은 왕이나 사대부와 같은 상류 지위에 있는 사람들에게만 해당되는 용어였다. 특히 양반 계층 중에서도 정3품 이상의 고위 관료, 즉 사대부에게 가장 적절하게 쓰였던 표현으로 보인다.

그래서 흔히 주변에서 하는 말들 중세는 "체면을 차리시오, 체면치레 좀 하세요, 체신머리 없는 행동하지 마시오, 본인의 체면을 깎으려, 권위에 도전하지 마시오"라는 언어가 통용되는데, 이 또한 봉건적인 신분질서 사회에서 상용되는 언어였다. 그래서 평민이나 상민들에게 체면이라는 용어를 쓰는 것은 어불성설이었다.

하지만, 봉건제도가 무너지고, 민주화되면서, 평민이나 상인도 리더가 되면서 체면에 관한 관행과 의식이 중요한 리더의 덕목이 되었다. 그래서 리더로서 체면을 세우기 위해서 체면을 지키기 위해서, 권위, 위상, 급과 격, 인품, 품위에 신경을 쓰지 않으면 안 되는 사회가 된 것이다.

그래서 흔히들 "체면치레 좀 하세요"라고 하거나 "체면 좀 차려야 되겠다. 이런 행동을 하면, 체면이 뭐가 되겠습니까?"라고 하면, 반드시 왕이나 대통령, 장관, 국회의원 도지사, 시장, 시골 군수의 체면 행동을 따라하는 노력이 필요한 세상이 된 것은 누구나 노력하면 체면 있는 사람이 될 수 있는 민주주의 제도가 얼마나 훌륭한 것인지 방증하는 것이다.

즉, 과거에는 아무나 체면이 어떻다 운운하는 그런 세상이 아니었다. 왕이나 왕실, 양반이나 그중에서도 당상과 정경부인 등이 체면을 논하는 그런 신분이나 사회적 지위였다고 보아야 하는 봉건 시대였다. 그래서 상인이나 평민이나 양인들은 체면 있는 신분이 아니었다는 말이다.

결론적으로 체면행동의 관행이나 의전의 격과 급이나 모양새는 반드시 급을 생각하고 하는 것은 여전히 국가의 의전이나 체면관행이 여전히 존재한다. 하다못해, 국회의원이나 도지사, 시장, 군수가 참여하는 행사도 여전히 거창하게 하는 곳이 많은데, 이 또한 체면이 관행적으로 행해지는 고답적인 관료문화의 관행으로 보아야 할 것이다.

## 2.
## 체면과 유사한 5가지 용어

소위 우리가 체면이 떨어진다고 하는데, 그 체면 떨어진다고 하는 말에는 5가지 체면의 고려 요소가 포함된다.

그것은 바로 권위, 위상, 급과 격, 인품, 품위 이 5가지 요소다. 이 5가지 체면 요소 중에서 어느 하나라도 떨어지는 행동을 하면, 우리는 체면이 떨어졌다고 말한다.

그럼 체면이 떨어지면 리더에게 어떤 일이 벌어질까?

최상진과 그의 연구실에서 조사하여, 주장한 바에 의하면,

권위가 추락한다.
이미지가 추해진다.
결국 리더십이 덜컬거리고 붕괴될 조짐이 나타난다.

그래서 체면과 관련되거나 유사하게 사용하는 5가지 용어를 이해하고, 이 용어에서 비롯된 의식구조나 문화를 알아보고자 한다.

## 1) 권위(權威)

이 권위는 리더가 타인을 통솔하거나 지도하는 힘이나 영향력이라고 할 수 있다. 합법적인 권위뿐만 아니라, 조직 내 위상에서 나오는 것, 급과 격, 즉 왕, 영의정, 좌의정과 우의정, 이조판서나 대제학 등 조직 내 서열에서도 이 권위가 나오는 것으로 보아야 타당한 것이다.

그리고 위상은 안 되더라도 인격이 훌륭한 분은 권위가 있다. 인격에서 우러나온 말에 영향력을 느끼거나 영감을 받을 수도 있기 때문인데, 이는 종교지도자, 교수나 선생님 등을 떠올리면 쉽게 이해할 수 있을 것이다.

그리고 품위 있는 분이나 품격 높고 교양이나 학식이 탁월한 분은 체면이 있다. 이러한 분들도 역시 영향력이 있으며, 권위가 있을 수 있는데, 이는 조직 내 위상이나 평판과 관련지어서 설명해 볼 수 있을 것이다.

리더의 가장 중요한 요소인 권위는 이처럼 다양한 원인에서 나온다.


### 2) 위상(位相)

앞서도 말했지만, 리더에게 가장 중요한 것은 권위인데, 이는 조직 내 위상이나 모임에서 위상에서 나온다. 어떤 조직서열 1위의 권위는 서열 2위를 바꿀 수 있고, 조직 내 서열을 임의대로 구성할 합법적 권위가 있다고 생각한다면, 이 위상에서 권위가 나오는 것은 타당하다고 봐야 할 것이다.

- 당서열 1위, 2위, 3위

- 국가 의전 서열, 대통령, 국회의장, 대법원장, 국무

총리, 선거관리위원장

- 국가의 위상: G1, G2, G5, G7, G20 등 선진국이나 양대축이 되는 강대국이나 영향력이 막강한 국가를 중심으로 한 모임이나 조직은 국가의 위상과 지도자의 체면과 직접 관련된다고 보아도 무방할 것이다.

### 3) 격과 급: 의전과 모양새

리더의 권위와 관련하여, 국가 원수는 아무나 만나주지 않는 것이 관행이다. 즉, 격과 급이 맞아야 한다는 것이다. 앞서 말한 국가의 위상이나 국가 지도자의 체면을 생각한다면, 급과 격에는 의전과 모양새가 중요하기 때문이다.

한 나라의 국가 원수를 초청하거나 초청받더라도 우리는 의전의 모양새에 엄청나게 신경 쓴다는 것을 언론을 통해서 알 수 있다. 이렇게 하는 이유는 무엇인가? 물론 손님을 극진히 대접해서 체면을 세워주고, 상대 국가 지도자나 상대방 국민에게 환심을 사는 것도 대단히 중요한 과제이고, 그 국가 지도자의 권위를 세워주기 때문이다.

만일 이 반대의 경우를 우리가 언론에서 본다면, 대단한 실례이고, 정치 지도자는 물론 그 지도자가 소속한 국민들을 무시하는 외교적 행위가 되고, 약소국이나 소국이 이런 무례한 외교를 하다가는 보복 당하기 십상일 것으로 생각된다.

이러한 사례는 많다.

그럼 흔히 대국이 소국을 상대할 때, 어떤 대접이나 대우를 하는지는 우리가 신문 지면이나 방송을 통해서 자주 접한다. 이를 보면, 정글의 법칙이 자주 나온다는 것을 우리는 쉽게 목도하고, 국가가 소국이거나 약소국의 설움을 이해하게 된다.

**4) 인격과 인품**

리더들은 자신의 권위를 세우기 위해 인격 수양이나 인격도야에 힘쓰는 것은 당연하며, 이미 우리는 고등학교나 대학에서 윤리나 도덕교과서를 통하여 너무 많은 것을 교육받았다. 이를 실천하는 것이 어려운 일이지, 이미 우리는 인격자나 뛰어난 개인이 되려면, 어떤 인품을 가져야 하는지는 윤리나 도덕 교과서에 나오는 인물열전만으로도 이미 충분히 배운 바가 있을 것이다.

그래서 최근에도,

전직 모 대통령은 정치가의 첫 번째 조건이 "수신제가"라고 언급한 바가 있으며, 특히 가장 체면 있는 정치가의 덕목으로 "수신제가"를 주저 없이 언급한 바가 있다.

고매한 인격의 소유자와 인품은 누구나 고등학교나 대학교 그리고 직업윤리를 통하여 배우고 실천하고 있으므로 잘 드러나지는 않지만, 가끔 엉뚱한 사고를 치거나 신문방송에 오명으로 실명이 거론되기만 하여도, 정치가나 리더들은 치명상을 입을 수도 있는 난감한 상황이나 처지에 놓이게 되는 것이다.

그래서 체면은 땅에 떨어지고, 권위는 추락하고, 이미지는 추해지고, 리더십이 덜컹거리고 결국에는 리더십이 와해될 수도 있다는 점은 언론지상에 나타나는 부정부패나 여성 스캔들이 주요한 원인을 제공하고 있다.

**5) 품위와 품격**

최근 언어의 품격이나 지도자의 언행에 관련한 기사가 가끔 눈에 띄는데, 체면 욕구와 관련하여, 남녀차이를 논한 저명한 임태섭 교수의 논문에는 다음과 같이 나와 있다.

여성의 체면 욕구는 '우아하고, 고상한 언행'과 '깔끔하고 멋진 외양'으로 남성은 말을 삼가는 과묵하거나 부정평가를 잘 하지 않는 분들이 인격자이고 품위가 있는 것으로 논문에는 서술되어 있다.

여기서 알 수 있는 것은 남성은 인격이 여성은 품위가 먼저라는 점이다.

남성은 '수신제가' 같은 인격적이고 도덕적인 윤리의식이, 여성은 품위를 동반하는 능력이 제일 중요한 체면 요소로 판단하는데, 이 연구는 일반인이나 대학생을 상대로 질문이어서 질문의 취지를 잘못 이해한 부분이 있어 보인다.

즉, 이 인격도야나 품위 있는 언어나 의복 등 내부적인 인격이나 외부로 드러나는 품위는 전부 다 체면에서 가장 중요한 권위를 세우려고 하는 것이다.

그래서 만일 은퇴하고 물러난 정치지도자나 리더들은 할 필요는 없으며, 오히려 자유민주의의와 평등을 중시하는 언어와 품위 있는 처신은 그를 더 체면 있는 사람으로 볼 수도 있을 것이다.

여기에서 남성과 여성의 체면에 대한 태도와 의식 그리고 문화 차이를 느껴야 할 것으로 보인다.

남성은 인격과 인품, 여성은 품위와 품격에 더 반응

한 다는 점이다. 물론 여성이나 남성도 내적인 인격이나 외부적인 품위를 중시한다.

그러나 상대적으로 여성은 체면의 외부적인 측면에 남성은 내부적인 측면을 더 강조하고 중시한다는 점은 매우 중요한 젠더의 차이점이다.

그래서 남성들은 '말을 삼가서' 부정평가를 잘 하지 않거나 칭찬을 많이 하거나 체면 있는 권위자가 해서는 안 되는 덕목에 포함될 수도 있을 것이다.

만일 권위자이자 체면 있는 분이 부정평가를 하면, 하급자나 권위가 적은 사람은 조직에서 도태되거나 쫓겨나거나 파멸될 수도 있는 위험한 상황에 처할 수도 있는 누란지세의 운명이 될 수도 있으므로 '말을 삼가는' 이런 남성의 체면 욕구가 나온 것은 지극히 합리적으로 보인다.

# 2장
# 전통과 현대의 리더십

# 3.
# 봉건적인 체면 리더십은 21세기에도 여전히 유효한가?

1948년 8월 15일 대한민국은 독립하고, 자유민주주의와 직접민주주의로 대통령과 국회의원 선거를 한다. 이는 미국식 민주주의를 받아들여서, 경제력과 군사력을 전주 이씨 집안에서 좌우하는 왕도 정치가 아니라, 국민의 선거에 의한 선출과 국민이 직접 선출한 국회의원들로 구성된 국회 그리고 고등고시를 통과한 법관을 통해 구성된 사법부등의 3권 분립의 민주제도가 정착되어 갔다.

하지만, 여전히 봉건적 유교주의 정치와 문화 그리고 국민의 의식구조에는 체면 문화가 남아있었다. 그래서 아무나 체면 있는 사람이 될 수 없고, 체면 있는 사람이 되기 위해서는 시간을 물 쓰듯이 공부를 하거나, 대토지 소유자이면서, 잘 배운 양반 집안에서 국회의원이 되는 것을 타당하게 생각하는 봉건적 의식이 남아 있었다.

그래서 흔히, 유학 경전 관련해서 『공자가 죽어야 나라가 산다』라는 책이 베스트셀러도 되지만, 『오십에 읽는 논어』라는 책도 베스트셀러가 되는 그런 문화에서 우리가 살고 있는 것이다.

어느 편이 옳은가?

당신이 한국인이고, 한국적 리더십이나 한국인의 정체성을 가진 정치가라면, 어느 쪽을 선택할 것인가? 당신이 선택할 수 있고, 공자와 유교주의를 폐쇄할 수 있거나 새로운 유교주의 사상이나 한국인의 정체성을 원하고, 당신이 한국의 리더이면 어느 편을 선택하겠는가?

그래서 여전히 한국에서는 봉건적 유교주의와 신식 유교주의가 횡행하고, 미국을 중심으로 한 자본주의와 개인주의 사상이 대도시를 중심으로 널리 퍼져있지만, 여전히 수도권 읍면 단위나 시군구에서도 농촌 마을에서는 여전히 유교적 봉건주의가 뿌리 깊게 의식 속에 남아 있다.

그래서 대도시를 중심으로 한 젊은 계층에서는 미국식 개인주의 사상이 널리 퍼져나가는 것 같아도 그들도 장년이 되고, 노인이 되어가면, 다시 유교주의로 환원되는 것으로 보이는 것은 한국인의 의식구조에서 뿌리 깊은 풍속이고 문화라고 해야 할 것이다.

# 4.
# 체면 의식과 체면 문화

주변에서 타인의 이목을 의식한 호화로운 행사나 먹을 것이 남도록 준비한 마을 행사를 흔히 본다. 실용적으로 보면, 너무 많은 음식을 장만하거나 행사의 목적과 상관없이 급이 아주 높은 내외빈을 모시기 위해 행사 준비 위원들은 사력을 다한다.

이러한 마을 대동제나 마을 축제 그리고 호화로운 결혼식이나 호화 혼수 등은 모두 타인을 의식한 타인의 이목을 중시하는 체면 문화에서 기인한다고 보는 것이 타당하다.

# 5.
# 21세기에도 리더들은 체면을 관리해야 하는 이유는 무엇인가?

그것은 바로 봉건적 리더인 왕의 리더십을 세우기 위해서 체면을 중시하는 왕실이나 사대부인 양반 문화에서 기인한다고 보인다.

그래서 왕실의 권위를 세우기 위해서 역사적으로 중

명된 사례를 보면 다음과 같다.

### 태종과 세종의 사례

태종 이방원은 아시다시피, 태조 이성계가 나라를 세우고, 신생 왕조의 권위를 세우기 위해서 무자비한 숙청을 단행한다. 이 또한 왕권의 확립과 후임 왕의 권위에 도전하는 세력을 모두 제거한 것이다.

그래서 세종은 확립된 왕권을 바탕으로 자신이 원하는 일을 거침없이 하게 되었다.

**흥선대원군의 경복궁 복원**

흥선대원군은 자신의 둘째 아들인 고종이 등극하자, 어린 왕을 대행해서 정치를 하는데, 무엇보다 안동김씨에게 빼앗긴 왕실의 권위를 세우고자 먼저 한 일이 경복궁 재건이었다. 경복궁을 중건하고 광화문을 세우기 위해, 당백전을 발행하고, 부자들에게 돈을 걷었다.

당시 흥선대원군이 나라가 휘청일 수도 있는 거금을 들여서, 왕실과 왕의 권위를 세우는 데 자신의 정치적 생명을 건 것이나 다름없다.

**1) 직업과 신분은 어느 정도 되어야 하는가?**

1994년 최상진과 한국인 연구실 소속 연구원들은 '도

대체 체면 있는 사회적 지위나 신분이 되려면, 어느 정도 되어야 하나'라는 설문을 한 적이 있다.

여기에는

장관, 국회의원, 대학 총장, 시장과 군수, 도지사, 판검사, 목사와 당회장, 대기업 사장이나 회장 등이 한국에서 가장 체면 있는 사람들이라고 응답했는데, 이는 최소한 5급 고시나 조교수, 벤처기업이나 중견기업, 정무직 고관대작이나 선출직 정치가들, 정치행정가들이 일반인이 보기에 또는 대학생이 보기에 가장 체면 있는 사람으로 응답했다.

한 가지 재미있는 사실은 한국에서 가장 체면 있는 인물이자 거의 매일 신문과 방송에 나오는 대통령은 응답에 반드시 나와야 했는데, 안 나온 것은 매우 의아한 측면이 있다.

즉, 대부분은 선출된 정치가가 가장 체면이 있다고 응답한 것이다.

그리고 현재에도 과거의 왕처럼, 체면 관행이나 의식이나 의전의 범례를 제공하는 대통령의 체면을 가정하고, 한국인의 체면 행동을 준용하고 설명한다면 가장 모범답안이 될 것으로 믿는다.

## 2) 정치가에게 가장 중요한 체면 요소는 무엇인가?

그것은 바로 권위다. 정치가에게 법의 위임에 의한 합법적 권위와 카리스마나 세도가로서 오랜 연륜을 가진 분들은 비합법적인 권위도 어마어마하며, 퇴임한 전직들의 영향력도 여전히 무서울 정도로 엄청난 문화가 한국이며, 한가하게 소일이나 하는 미국과는 전혀 다른 세상이다.

그래서 일반인들도 신문이나 방송을 통하여, 정치가를 상세하게 관찰하고 학습하며, 자신도 저런 훌륭한 정치가가 될 수 있을 것이라는 생각을 하게 되는 것이다.

체면의 다른 중요한 4가지 요소는 위상, 격과 급, 인품이나 품위인데, 이 모두 정치가의 권위를 세우기 위해서 하는 것으로 보아도 무방하다. 즉, 정치가에게는 권위가 제일 중요한 점이다.

과거의 왕명이나 대통령 명령, 행정부령 등, 헌법, 법률, 명령, 조례, 규칙 등에서 나오는 권위는 합법적인 권위인 것이다. 그래서 일반인들이나 공무원들이 응종을 하며, 국민들도 동조하는 현상이 벌어지게 되는 것이다.

그래서 권위가 없는 정치가는 죽은 정치가나 식물 정치가인 것이다. 그러면, 정치가에게 권위가 가장 중요한데, 어떻게 정치가가 체면이 떨어져서 권위가 추락하고,

이미지가 추해지고, 리더십이 와해되고, 반정이 일어나고 리더십이 흔들리는지는 머리가 좋은 독자라면, 눈치를 챘을 것이다.

그것은 바로, 정치가가 위상이 흔들리고, 격과 급에 맞지 않은 행동을 하거나, 인격이 의심되거나 품위 없는 언행을 하기 때문이다. 그래서 체면이 떨어져서, 권위가 떨어지거나 없어지는 것이다.

이것이 바로 본 책에서 주장하는 한국인, 특히 정치가에게 왜 체면이 중요한지를 가장 잘 설명하는 논리로 보아야 할 것이다.

독자들의 흥미와 궁금증을 해결하기 위해서, 일반인들도 체면 행동을 하고, 체면 있는 지위나 신분이 되면, 흔히 체면치레라도 해야 하는 상황에서 우리는 어떻게 해야 할까?

또는 체면 있는 지위나 신분자는 아니지만, 특히 여성은 남편의 사회적 지위와 신분에 따라서는 체면 행동을 하기도 하는데, 이 또한 정치가의 체면에 관한 관행을 잘 뒤따르거나 모방하여야 하는데, 심지어는 과시하거나 허영심을 부추기는 행동을 하여 사회적 물의를 일으키는 사례를 신문이나 방송 등을 흔히 볼 수가 있다.

체면이라는 '사회적 얼굴'의 의미는 사람들은 사회가 원하는 그런 사회적 얼굴을 가지고 사회생활을 하고, 우리는 자신만이 원하는 사회적 얼굴을 만들어서 생활하며 자신의 역할을 수행하는 데 의미를 부여한다는 점이다. 이러한 사회적 얼굴은 사람들이 사회 속에서 인정을 받고 사회생활을 하기 위해서 만들어간다. 그리고 집단 속에서 역할과 소속 그리고 집단이 요구하는 얼굴을 가지고 대인관계에 대처한다. 또한 사람들은 자신이 원하는 사회적 얼굴을 만들고 싶은 욕망을 가지고 있다. 이것은 세계적으로도 보편적인 현상이라고 생각할 수 있다.

유교 문화권에서 '불혹(不惑)'이라는 말은 세상일에 쉽게 흔들리거나 판단을 흐리는 일이 없게 된 나이를 뜻한다. 이런 불혹의 나이에 이르면, 사회적 얼굴을 갖추는 일이 더욱 중요해진다.

우리나라 사회를 흔히 유교적 사상이 사회·문화를 지배하는 유교주의 문화권이라고 한다. 이러한 사회적 얼굴을 한국에서는 체면이라고 한다.

그리고 이러한 체면 문화는 사회 전반의 의식을 규정하는 규범으로 작용하기도 하고 개인의 사회적 욕망으로서 표현되기도 한다. 최근에 사회심리학이나 커뮤니케이션 그리고 사회학자들이 이러한 체면에 관한 글을 쓰고 한국인의 사회적 행동을 견인하는 체면이라는 가장 중요한 변수가 갖는 의미와 현실적인 사회생활에서 행동을 탐구하여왔다.

이러한 글을 종합하여 한국사회에서 체면이 갖는 의미와 역할을 설명하고 사회생활에서 적절한 적응을 할 수 있는 조언서 역할을 하면 좋겠다고 생각하여 이 책을 쓰게 되었다.

한국인들은 흔히 일상적으로 어떤 사회적 행동을 할 때 가장 중요한 선택의 준거로 체면을 고려한다. 배우자를 선택하거나 집을 구매하거나 차를 살 때나 학교를 선택할 때나 남에게 선물할 때에도 자신과 상대방의 체면을 먼저 고려한다. 그리고 "체면을 고려해야 한다.", "그러면 체면이 떨어지잖아", "체면치레 좀 해라", "요즘 젊은이들은 체면이 없다" 등 체면과 관련된 문장이나 언어 관행에서 볼 수 있듯이 체면은 한국인의 의식과 행동을 결정짓는 중요한 기준으로 작용한다.

즉, 이러한 체면 고려는 중요한 사회적 행동을 결정할 때 핵심적으로 한국인의 사회적 생활을 설명한다. 그리고 이러한 체면 문화는 부정적이라기보다 오히려 긍정적인 측면을 갖는다. 체면이 개입되는 대인관계 상황에서 우리들은 체면을 유지하거나 세웠다고 생각하여 떳떳한 얼굴을 하게 되고 타인의 높은 주변 평가를 항상 고민한다. 우리들의 이러한 행동은 남의 이목과 평판을 중시하는 한국사회문화적 현실 속에서 긍정적인 적응과 적용이 되고 체면 있는 사람이라는 평가와 평판을 갖게 되어 자부심이 높아지는 효과가 있다. 그러면 이러한 체면은 우리의 현실 속에서 어떻게 설명되고 있으며 우리는 어떻게 적응하고 적용되어야 하는지 알아보자.

# 3장

# 유교와 체면 가치

# 6.
# 체면의 개념 2

　체면의 국어사전적 의미는 떳떳한 도리나 얼굴이라고 정의되어 있다. 그리고 한자 사전적 정의로서의 체면은 남을 대하는 관계에서 자기의 입장이나 지위로 보아 지켜야 한다고 생각하는 위신, 체모, 면목, 모양새 등으로 정의된다. 이러한 정의들은 개인이 지켜야 대인관계의 윤리 규범을 설명하고 있다. 쉽게 말해서 정치가는 정치가답게, 기업가는 기업가답게, 아버지는 아버지답게 행동하라고 권고하는 행동 규범인 것이다. 우리는 이러한 규범을 어기거나 일탈했을 때 체면이 손상되었다고 생각하고 수치심을 느끼라고 윤리 교육을 직간접적으로 받아온 것이다. 체면은 지킬 필요가 있는 상황이나 대인관계에서 중요하고 자신의 지위나 신분에 맞는 행동을 하려는 것임을 알 수 있다. 이러한 체면 있는 사람이 과연 어떤 사람일가?

커뮤니케이션 심리학적 측면에서 조사한 이러한 체면이 있는 사람이 갖춰야 할 구성요인에 관해 한 학자는 다음과 같이 분석하고 있다. 체면은 처신, 인품, 품위, 역량 그리고 성숙으로 구성되어 있다고 주장한다. 이러한 주장의 구체적인 내용을 살펴보면, 처신은 우리 사회의 규범을 지켰을 때 유지되는 요소이며, 두 번째 요소인 인품은 외적 행위보다 내적인 인간됨을 나타내는 것으로 진실되고 말을 삼가는 경우 바른 성향을 포함한다. 세 번째 요소인 품위는 사회적으로 지위가 높거나 경제적으로 형편이 좋은 사람만이 보여줄 수 있은 것으로 기대되는 외적인 풍요, 금전적인 여유, 멋진 외양, 번창한 가세를 들고 있다. 네 번째 요소인 역량은 개인의 지식보다는 사회적으로 입증된 능력을 한다. 마지막으로 성숙은 한 사람이 성인으로서 갖추어야 할 기본적인 요건인데, 이것은 자기에게 맡겨진 일을 할 수 있는 자질, 그리고 남의 감독을 받지 않고 스스로 해낼 수 있는 자율, 자신의 위치나 의사에 대한 타인의 존중, 그리고 주변 사람으로부터 사랑과 수용을 포함한다고 한다.

그리고 체면에 관한 사회심리학자들의 글을 보면, 한국인들은 남의 이목이나 평판을 중시하는 한국 사회의 특징을 체면 때문이라고 설명하면서 평판으로 체면을 설명하고 있다. 이러한 평판으로서 체면은 사회적 지위나 신분에서 갖추어야 할 능력, 인격, 권위로 구성된다. 이러한 평판은 다른 사람의 평가가 평판에 중요하며 남이 나를 어떻게 생각하느냐에 대한 평가에 따라 평판이 내려가기도 하고 올라가기도 하는 속성을 가지고 있다. 평판은 서구에서도 중요한 개념으로 다른 사람이 나를 어떻게 생각하는지에 관해 관심을 기울일 때 평가에 관한 우려가 생길 수도 있다. 이러한 평판은 평생을 쌓아가는 것이라고 말할 수 있다. 그리고 이러한 평판은 현실적으로 많이 사용된다. 공직자의 평판이 신문에 나오기도 하며, 직장을 옮길 때에도 평판 조회를 한다. 그래서 우리는 이러한 타인의 평가를 잘 받기 위해서 능력과 인격이 평가되는 중요한 사회적 상황에서 행동과 언행을 조심할 필요가 있다고 볼 수 있다. 평소에 평판을 관리하고 조심하는 몸가짐이 중요하다고 하겠다.

하지만 체면은 평판을 넘어서는 것으로서 대인관계에서 지위 상급자나 평가 권력자가 아랫사람과의 관계에서 지켜야 하는 도리와 아랫사람이 윗사람과의 관계에서 지켜야 할 도리나 가족관계에서 지켜야 할 도리나 친구 사이에 지켜야 할 도리 등을 지켜야 유지되는 떳떳한 얼굴이고 대인관계의 도리라고 한다면, 대인관계에서 마땅히 준수해야 할 사회적 규범을 지키는 것이 체면을 유지하는 것이라고 할 수 있다. 이것은 과거에 삼강오륜이라는 덕목을 금과옥조처럼 지키던 유교 사회에서 체면을 지켰느냐의 관건이 되기도 하였다. 그리고 현대적 의미에서도 유교적 가치의 중요한 부분은 우리의 대인관계의 윤리 규범으로 남아있다. 그래서 그것을 지키지 못했을 때 우리는 수치심을 느끼도록 교육받고 사회화 된 것이다.

현대적 의미의 유교적 대인관계의 윤리 문화를 살펴보면 다음과 같은 것들이 아직도 우리 사회 문화 속에서 체면 있는 사람들의 대인관계의 규범으로 현실 세계에서도 적용되고 있다.

### 1) 장유유서(長幼有序)

이 말은 어른과 아이 사이에는 사회적 순서와 질서가 있다는 뜻인데, 사회적 위계질서를 강조하는 사회의 규범이라고 하겠다. 이것은 회사에서의 연공서열이나 장자 우선의 재산상속이나 연장자 우선의 관행을 우리나라는 아직도 갖고 있다. 즉 나이 많은 사람을 우대하고 공경하는 사회문화 규범인 것이다. 이러한 예로는 사법연수원에서 학생회장을 연장자가 한다든지, 나이가 많은 사람이 정치계나 학술모임의 좌장을 맡는다든지 하는 좌장문화 등이 여기에 속한다. 그리고 아직도 학번이나 나이나 경력이 능력보다 사회적 지위의 우선 고려 대상이라는 관행이 대학교수 채용에도 남아있다. 이것은 장유유서의 문화가 개인의 체면 욕구에 영향을 미친 것으로 보인다. 이것은 아마도 능력보다는 인격을 중시하는 우리의 체면 문화가 남아 있음을 여실히 보여주는 사례라고 하겠다.

## 2) 부자유친(父子有親)

이는 가정윤리덕목의 하나로 부모는 자녀에게 인자하고 자녀는 부모에게 존경심과 섬김을 다하라는 뜻이다. 유교주의는 가족주의 연장이다. 부자유친은 아랫사람을 친자녀처럼 돌보고 아랫사람은 윗사람을 친부모 대하듯이 섬김을 다하여야 한다는 덕목이다. 이러한 부자유친의 감정은 정(情)이라는 친밀한 감정을 교류하는 인간관계의 원형으로 유교주의 사회에서 작용한다. 이는 사회적인 관계로 확대되어 군사부일체(君師父一體)라는 대인관계의 규범을 유교 사회에서 형성하였다. 또한 이는 대학에서 나온 말인 수신제가치국평천하(修身齊家治國平天下)에서 수신(修身)과 제가(齊家)와의 관계를 잘 보여준다. 부자간에 친애가 부족하여 관계가 불편하면 치국(治國)에 방해가 될 뿐만 아니라 자신의 능력과 인격에 부정적인 평가를 가져오고 체면 손상을 가져온다고 볼 수 있다.

그러므로 사회적 인간관계의 연장인 부자유친의 덕목은 윗사람과의 관계에서 대인 간의 사회적 교류 양식이라고 할 수 있으며 사회에서의 성공은 이러한 윗사람과의 관계를 잘하는 것이라는 점을 시사한다. 그러므로 우리는 부모님을 망신시키지 않으려면 윗사람을 잘 모시고 좋은 평가를 받도록 노력해야 할 것이다.

### 3) 붕우유신(朋友有信)

대등한 친구 관계에서는 믿음과 신의가 있어야 한다는 뜻으로 대등한 인간관계에서 친한 친구 사이로 발전되려면 믿음과 신의를 가지고 관계를 발전시켜 나아가야 한다는 뜻이다. 현대사회처럼 평등한 사회규범이 보편적 진리로 받아들여지는 자유민주주의 국가에서는 가장 중요한 덕목이라 하겠다. 친한 친구가 되려면 먼저 공적인 신뢰를 쌓아야 하는 것은 당연하다. 하지만 우리나라의 음주문화는 공적인 신뢰를 먼저 쌓는 것보다 음주를 통해서 자기무장을 풀고 사적인 관계로 빨리 발전하고 싶어 하는 현대 한국인의 빨리빨리 문화의 진수를 보여준다고 하겠다. 남의 평가나 이목을 두려워하는 한국인이 빨리 친해지는 방법은 함께 술자리를 해서 자기무장을 풀고 속에 감추어진 속마음을 서로 나누어 갖는 것이다. 빨리 친해지자는 음주문화는 접대문화로 발전하여 과도한 접대가 오히려 신의나 믿음을 떨어뜨리는 결과를 가져오기도 한다. 이는 체면이 손상되더라도 음주라는 다소 비이성적 상황에서 행해진 것이므로 책임이 덜해질 수 있다는 사회적 관행으로 행해지는 것이 다반사다. 친한 사이로 발전하려면 믿음과 신의를 다하여 공적인 신뢰를 쌓아야 사적인 관계로 발전할 수 있는 것이 공식적인 관계에서의 관행이다. 그런데 한국인들은 술자리와 음주로 공적인 신뢰를 쌓는 것보다 사적인 관계로 발전하려는 친애 욕구는 서양식 교육을 받은 사람에게는 다소 당혹스러울지 모른다. 과거처럼 농경사회문화가 지배하던 유교주의 사회에서는 끈끈한 유대관계를 위해 당연한 것처럼 보이지만 먼저 공적인 신뢰를 쌓는 것이 중요한 산업사회에서는 빨리 친해지기 위한 음주문화는 다소 개선되어야 할 것으로 보인다.

# 4장

# 개인과 체면의 심리

# 7.
# 체면과 개인

　사회적 존재로서 개인은 직업을 구하고 삶을 영위하면서 산다. 이러한 직업 선택은 흔히 우리나라에서 개인이나 부모의 체면 수준이 잘 반영된다. 직업을 아무렇게나 구하는 것이 아니나 원하는 직장이나 체면 있는 직업을 구하려 한다는 것이다. 이와 관련하여 가장 체면 있는 직업이 무엇이냐는 질문에 응답자들은 정치가, 행정공무원, 사법부 판사, 교육자, 성직자, 기업가를 꼽았다. 다른 사람들의 선망이 되거나 자신이 선망하는 직업인 것이다. 그리고 이 점은 현실적인 직업 선택에서 잘 나타난다. 공무원시험 열풍과 지자체 의원이나 단체장 선거, 국회의원 선거의 과열현상, 그리고 교수가 되기 위해 낯설고 물설은 선진국에서 교육을 받으려는 열망과 해외연수 그리고 벤처기업 열풍 이러한 점을 잘 설명해준다.

그러면 자신이 선망하는 평판이 좋고 남들 보기에 체면 있는 직장을 구하면 개인에게 어떤 장점과 이로운 점이 있는가? 그것은 자기만족이 크고 최선을 다해서 직장생활을 할 것이며, 배우자 선택에서도 유리한 입장에 설 수 있다는 점이다. 그리고 때에 따라서는 가문의 명예를 높여 집안의 위상이 올라가고 부모에게 효도할 수 있다는 점이다. 이런 것을 보더라도 한국인에게 직업의 선택은 인생을 좌우하는 문제이자 부모님에 효도를 다한다는 점에서 유교문화권인 한국에서는 대단히 중요한 인생의 과업이며 자아실현의 길인 것이다.

이러한 직업 선택은 남들 보기에도 좋고 자신도 원하는 체면 있는 직업을 구해야 하며 한번 직장은 평생직장이라는 개념과도 일치한다. 그러므로 자아실현이라는 관점에서 보면 최초의 직장이 평생직장이고 최고의 성취를 통해 최고의 자기까지 올라가기를 희망하는 개인이 행복한 존재라고 할 때 타인의 높은 평가를 받고 평판이 좋은 체면 있는 직장 구하기는 매우 바람직한 현상으로 보인다. 과거에는 지배계급인 양반만이 관리가 되고 정승판서가 되었지만 자유민주주의 국가에서는 누구나 선망하는 직업을 구하고 최고가 되기 위해 살아가는 것이다. 그래서 평판 있는 직업을 구하려 노력하고, 한번 구한 직업이 평생직장이라는 천직의식을 가지고 살 만한 직업을 구하려고 최선을 다해야 할 것이다.

# 8.
# 개인의 체면 욕구

개인의 체면 욕구 수준은 청소년들은 부모님의 경제·사회적 지위·배경과 밀접한 관련이 있다. 부모님의 체면 욕구 수준이 자녀에게 훈육되는 것이다. 이것은 대학과 전공을 선택할 때나 직업을 선택하고 배우자를 선택할 때까지 흔히 나타난다. 남의 평판이나 이목을 중시하고 체면을 중시하는 한국사회문화의 영향인 것이다.

한국 성인들은 사회 경제적 지위나 신분에 따라 체면 수준이 결정되며 체면 행동을 하게 된다. 즉 사회적 지위나 신분에 걸맞은 행동을 하게 되고 체면유지 수준에 대한 사회적 요구를 받는 것이다. 이러한 사회적 상호작용의 규범을 준수하는 규범 욕구는 체면 행동수준을 결정하는 요인이라고 볼 수 있다.

그리고 체면 욕구에는 인정과 존경의 욕구가 포함된다. 우리나라와 같은 유교적 윤리 규범이 사회를 지배하고 농경문화에 바탕을 둔 집단주의 국가에서는 집단의 인정과 존경을 받고자 하는 욕구가 있다.

그래서 집단의 인정을 받고, 존경받는 사람들이 평판 좋은 직업을 구하게 되고 집단의 인정을 받고자 하는 욕구가 내재화된다. 이러한 인정 욕구가 지나치게 되면 타인의 평가에 민감한 사람 중에는 자기과시 행동을 많이 하게 되고, 지나친 자기 현시를 위해서 사치품이나 분에 넘치는 상품구매행위를 하게 되는 것이다. 이러한 인정과 집단의 승인의 욕구는 사회적 신분이나 지위가 올라갈수록 더 많은 체면 행위를 하고 체면유지 욕구가 강해진다고 말할 수 있다. 이것이 지나치면 사회적으로 인정받는 의례적 수준을 넘어서는 자기 현시나 자기과시가 되어 지나치면 모자란 것만 못한 경우가 생길 수도 있다.

하지만 의례적 수준의 사회규범을 지키고 유지하며 예의를 벗어나지 않는 자기 현시는 현재 한국에서는 필요한 체면행동으로 볼 수 있다. 그만큼 체면을 유지하려는 욕구가 강하고, 타인의 평판이나 이목이 중시하는 한국사회에서는 타인에 의해 체면이 손상당하는 것이 한국사회에서 얼마나 불리하고 자신에게 치욕적인 결과를 가져오는지를 우리는 사회적 상호작용을 통해서 학습했기 때문이다. 그래서 우리는 어떤 행사를 할 때 모양새를 중시여기는 풍조가 발생한 것이다.

모양새는 남이 보기에 그럴듯해야 하며, 사회적으로 승인되는 수준에서 결정된다. 하지만 지나친 자기 현시를 통해서 집단의 인정이나 승인을 받고자 하는 과시 현상은 사회적으로 비난받지만, 주관적 개인의 입장에서 보면 할 도리는 다했다고 생각하고 자신의 존재감을 드러내어서 보상받고자 하는 보상심리가 작용한 것이다. 사회적으로 비난이 되는 것은 주로 사회적 지위나 신분을 망각한 졸부들의 보상심리로서 경제적 부를 외부에 과시함으로서 초래하는 것이다. 이러한 점은 신문지상을 오르내리며 사회의 지탄이 되므로 경제적 부만을 외부로 과시하려는 일종의 졸부의 과시 욕구는 지양되어야 할 것이다.

체면 욕구는 우월한 사람이 되고 싶은 욕망으로 작용하기도 한다. 이는 자기 분야에 일인자가 되거나 우월적 지위를 가진 사람을 닮고 싶은 욕망으로 작용하기도 한다. 이것은 우월한 사람이 되고 싶은 인간의 욕망 표현인 것이다. 이러한 다른 사람보다 우월한 사람이 되고 싶은 욕망은 개인에게 중요한 영향을 미치며 체면 욕구로 작용할 때 최고의 지위까지 오르려는 경향을 보일 것이라고 생각된다. 즉, 인간의 욕구 수준의 최고단계인 직업적 자아실현의 완성에 이르고 싶은 욕망인 것이다. 이것은 집단의 인정이나 존경을 받는 최고의 자리에 있는 사람만이 느낄 수 있는 자기 성취감이나 삶에 보람을 갖기를 원하는 것이다.

또한 산업화된 자본주의 사회에서는 일반인의 평판 요인은 이성적이고 합리적인 판단을 하고 자율적인 행동을 하는 능력과 인격이 중요하다. 그래서 자율적으로 판단하고 행동하는 평판을 가진 능력의 소유자를 만드는 것이 시민교육의 목표가 되는 것이다. 이러한 평판은 산업화된 자본주의 국가에서 매우 중요한 것으로 어떤 일을 할 수 있는 능력 그리고 부정이나 부패를 저지르지 않을 인격 그리고 집단이나 모임을 이끌어 나가는 권위나 영향력을 말한다. 이러한 평판은 평생 쌓아가는 것이며 남들의 평가가 중요하다. 그래서 우리는 다른 사람의 평가에 매우 민감하게 반응하는 경향이 있다. 그리고 잘못된 평가를 회복하려는 노력을 하게 되고 다음에는 더 좋은 평가를 받기 위해서 노력한다. 이러한 평판은 평등적 가치가 중요한 민주주의 국가에서 매우 중요한 인물평가의 잣대로 작용한다. 그러므로 우리는 평판 관리를 위해 노력할 필요가 있으며 평소에도 자신의 사회적 지위에 따르는 능력과 인격의 배양에 힘써야 할 것이다.

# 9.
# 체면과 남녀관계

한 보고서 의하면 남자는 '말을 삼가는'이라는 항목이 체면에서 중요하고, 여성들은 '깔끔하고 멋진 외양'이 체면 요소로 거론된 적이 있다. 말을 삼가는 것이 남성 사이에서는 중요하고 여성에게는 깔끔하고 멋진 외양이 체면 요소로 고려된 것은 유교 문화적 관습이 반영된 것이라고 할 수 있다. 말을 많이 하거나 남의 험담을 잘하는 사람을 경계하고 여성의 가부장적 역할을 반영한 것이라고 볼 수 있다. 물론 남녀차이에 다른 의견이 있을 수 있으나 남자들은 평판으로서의 체면 요인 중에서 인격을 중시하고 여성들은 능력을 중시하는 사회문화의 의식구조가 반영된 결과라고 볼 수 있다.

또한 여성들은 대인관계와 관련한 사회적 자존심에 매우 민감하다. 예를 들면 배우자의 선택에서 보면 자신보다 학벌이 낮고 사회적 평판이 떨어지는 남자하고는 연애도 안 하고 물론 결혼은 생각조차 하지 않는 것이 고정관념이었다. 이것이 대인관계와 관련한 여성의 자존심이다. 그래서 자신보다 학벌이 낮은 남자하고 결혼한 경우는 매우 드물어서 이 경우는 남자가 대단한 능력이나 매력을 가진 경우라고 할 수 있다. 이러한 여자의 사회적 자존심 요구는 한국사회의 가부장적 남성우월주의 문화에서 보면 사회적 약자인 여성이 자신보다 나은 남자를 배우자로 선택하는 것은 당연한 것으로 여겨진다. 똑같은 능력이 있어도 여성은 남자보다 직장 구하기가 힘들고 급여도 적다는 점은 여성의 보상심리를 자극하는 측면이 있는 것에서도 알 수 있다. 체면 문화에서 보면 물론 남자도 사회적 자존심이 중요하다. 누구와 어떤 일을 하는가는 남자에게 매우 중요하다. 하지만 남자에게 있어서는 대의명분이 중요하다. 이러한 대의명분은 누구와 무슨 일을 하고 그 결과 어떻게 되는 것인가에 더 관심을 갖는다는 것이다.

# 10. 대인관계 규범으로서 체면

　　체면은 남을 대하는 관계에서, 자기의 입장이나 지위로 보아 지켜야 한다고 생각되는 위신, 체모, 면목, 모양새 등으로 정의된다. 이러한 체면이 유지되기 위해서는 도리에 어긋나지 않게 행동해서 자신이 떳떳해야만 한다. 이러한 체면에 관한 정의들은 개인들이 지켜야 대인관계의 행동적 규범을 설명하고 있다. 이것은 체면을 지켜야 하는 사회지도층에 있는 사람이 모범이 되기 위하여 하는 사회적 규범을 의미한다고 볼 수 있다. 이는 아마도 유학 사상이 지배계급인 양반의 행동규범을 엄격히 정의해 놓은 것과 같은 의미로 해석된다.

그러나 현재는 국민의 국가의 주인인 자유민주주의 국가이며 누구나 공무담임권이 있고 사회 지도자가 될 수 있다. 하지만 아직도 유교주의 규범이 사회문화적 의식 규범으로 남아 있어서 과거의 지배계급인 양반의 체면 문화와 규범을 지키는 것과 현재의 산업화 시대의 규범과 혼재되어 있으며, 이러한 혼재된 규범은 체면을 지키고 체면 행동을 빈번히 해야 하는 사회지도층의 행동 양식에 영향을 끼치고 있다고 볼 수 있다. 우리는 흔히 '누구누구답게'라는 표현을 많이 쓴다. 이 말은 자신이 처한 사회적 지위나 직분을 수행하면서 그 사회적 지위가 요구하는 행동 양식을 하여야 하는 사회적 압력을 많이 받는다는 것이다. 이러한 사회적 규범을 지키지 못했을 때 우리는 체면이 떨어졌다고 한다. 이렇게 체면을 지켜야 하는 사회적 지위에 있는 사람이 체면 규범을 지키지 못해 체면이 떨어졌다는 평가를 받게 되면 권위에 손상을 입고 리더십에 상처받고 평판이 떨어지는 수치를 경험하게 될 것이다. 우리가 흔히 체면이 떨어지는 행동을 하면 '수치스러운 줄 알아라, 창피하지도 않냐'는 주변의 말을 듣는 것도 이 때문인 것이다.

이러한 유교적 대인관계의 규범은 여전히 우리 사회에서 유효하다. 만인이 평등한 사회에서 누구나 지도자가 될 수 있고 누구나 체면 있는 직장에서 일할 기회가 균등하다. 하지만 대인관계의 규범은 리더나 지도자가 되려는 사람에게 사회적 상호작용의 규범으로 작용하며, 학교 교육이나 가정교육 그리고 사회에서 우리가 처한 상황에서 대인관계의 대처방식으로 학습하게 된다. 그래서 체면을 지켜야 하는 상황에서 우리는 체면 유지를 위해서 노력하게 되고 체면 손상에 저항하게 되는 것이다.

# 11.
# 체면 손상에 대한 심리적 부담감

고등학교에서 진학상담 중에 벌어진 일이다. 진학상담을 하던 선생님이 학생에게 벌컥 화를 내면서 야단치는 일이 벌어졌다. 그 연유는 다음과 같았다. 학생이 "선생님, 고등학교 선생이라도 하게 사범대학 좀 알아봐 주세요"라고 말했다. 이에 선생님이 자신을 무시하는 줄 알고 "뭐

선생이라도? 선생이 쉬운 줄 알아?"라고 대답하면서 학생을 윽박지르는 것이었다. 과거에는 선생님이 되려면 대학 나온 최고의 인재였는데 학생에게서 자신을 무시하는 말을 듣자 화를 낸 것이다.

이처럼 우리는 다른 사람으로부터 자신의 체면에 손상을 가하는 부정적인 평가를 받게 되면 저항하려는 속성을 갖게 되는 것도 체면이 떨어지면 가져오는 불리점 때문이다. 그 불리점은 권위가 서지 않으며, 평판이 떨어지고 이미지가 추락하기 때문이다. 그래서 우리는 이성적이거나 합리적이지 않다고 판단되는 체면 손상행위에 당황하게 되고 저항하는 입장을 취하게 되어있다. 왜냐하면 이미지나 평판은 일반인들도 매우 중요한 대인관계의 평가이기 때문이다. 그래서 이것은 일반인들로 하여금 체면에 손상에 적극적으로 대처하려는 자기방어의 심리기제를 활성화시킨다고 말할 수 있다. 그래서 체면이 손상당한 편에서는 상대방에 대해서 적대적이 되고 보복을 다짐

하고 다음에 상대방의 평가가 떨어질 기회를 갖게 되면 상대방의 체면을 여지없이 깎아내리는 행동을 할 것이다. 그래서 우리 문화는 그만큼 상대방에 대한 평가에 소극적이 되고 상대의 체면손상행위를 하지 않으려고 노력한다. 그러므로 상대방에 대한 평가나 평판에 대한 촌평에 대해서는 소극적인 입장을 취하게 되는 것이다. 다음과 같은 일화가 전해져 내려온다.

세종대왕 시절에 한 우화에서 보면 황희 정승이 젊어서 세상을 유람할 때의 일이다. 황희가 논두렁을 지나다 농부에게 검은 소와 누렁소 중 어느 소가 일을 더 잘하느냐는 질문을 하자, 농부는 황희의 귀에다 대고 "누렁소가 더 잘합니다"라고 답변했다. 이에 어이가 없어진 황희가 소가 들을 수도 없는데 그냥 말을 하면 왜 귓속말로 하는지 연유를 묻자, 농부는 "두 마리 다 열심히 하는데 누가 잘하고 누가 못하는 소리를 들으면 되겠습니까?"라고 대답하였다. 이에 큰 깨달음을 얻은 황희는 남의 단점을 말하지 않는 사람이 되었다고 한다. 이는 미물에 대한 평가도 어려운데 남에 대한 평가를 내리기가 쉽지 않으며, 부정적인 평가를 받는 사람이 체면손상에 적대적 입장을 취할 것을 우려한 것이다. 이런 연유에서인지는 몰라도 우리나라에서는 중요한 평가 권력을 가진 영향력 있는 사람이라도 책의 서평이나 추천서 써달라고 하면 칭찬 일색이고 부정적인 평가는 거의 없는 것이 현실이다. 이는 타인의 체면 손상을 가져오는 부정적인 평가는 상대방에게서 적대적 결과를 가져오고 반목하며 평생 원수로 생각하면서 살지 모른다는 불안과 우려 때문이다.

하지만 정치가들은 정반대이다. 상대방의 명분을 비판하고 상대방의 약점을 물고 늘어지며, 심지어는 상대당이나 인물에 대한 험담도 서슴지 않고 한다. 이것은 상대방의 체면을 떨어뜨려서 상대방의 권위에 상처를 가져오고 평판이나 이미지에 중대한 타격을 가하여 지도자로서의 자질을 의심하게 하는 정치게임인 것이다. 그러므로 정치가들은 항상 자신의 체면은 철저하게 관리하고 상대방으로부터 어떤 공격도 받지 않으려고 노력한다.

우리나라의 신문을 보면 대체로 야당과 여당의 정치게임은 누가 더 국민에게 이로운 명분과 정책을 갖고 있느냐에 관한 정치게임을 벌이며, 상대방의 허점과 실책을 추궁하고 상대방의 체면에 흠집을 내려는 행동을 하면서 서로 자기들이 정권을 운영할 능력 있고, 체면 있는 당이나 인물이라고 선전하고 홍보하는 기사가 대부분이다.

이것은 상대방의 체면을 흠집 내서 우리가 훨씬 상대방에 비해 높은 평가를 받을 수 있다고 주장하는 것이며, 자신의 명분이 더 우월한 도덕성을 갖추고 있다고 주장하여 정당으로서 국민의 심판을 받아 집권을 도모하려는 노력이라고 볼 수 있는 것이다. 그러므로 공격을 당한 편에서는 상대방의 실수와 과오에 대해 보다 적극적으로 대처하게 되고 상대의 명분이나 인격과 능력에 부족한 부분이 있다고 하여 상대방의 대국민 영향력을 떨어뜨리고자 노력하여 체면 손상에 저항하는 것이다.

# 12.
# 체면과 예의 염치

우리는 보통 친한 친구 사이에서 점심시간에 "밥 먹었니, 밥 먹으러 가자" 하면 "그래, 가자"하고 같이 밥 먹으러 가는 것이 당연지사이다. 하지만 친하지 않은 경우에는 "아니 나는 안 갈래" 또는 "다른 약속 있어" 하고 진정성을 의심한다. 그리고 다시 재차 "밥 먹으러 가자"고 물어야 진심인 줄 알고 같이 점심식사를 하게 된다. 이처럼 한국인의 대인관계에서 체면 차리기와 예의염치의 기본이다. 이렇게 친하지 않은 관계에서 뻔뻔하게 "그래, 그럼 밥 먹으러 가자" 하고 따라나서면 예의를 모르고 체면 차릴 줄 모르는 사람으로 평가받기가 쉽다. 다음에도 또다시 그런 말을 하면 같이 밥 먹으러 가는 친한 사이가 되고자 하는 상대방의 진심으로 판단하면 될 것이다.

또한 다소 어려운 부탁을 할 때 "염치없지만 제 부탁 좀 들어 주십시오"라고 하거나, "이런 말하기가 부끄럽습니다만 제 부탁 좀 들어 주십시오"라고 하여 자신의 곤궁한 사정을 말하고 최대한 자신을 낮추는 화법을 사용한다. 또한 "제 처지에 무슨 염치가 있겠습니다만 이번 한 번 도와주시면 성심성의껏 받들어 모시겠습니다"라고 하여 상대방의 체면을 세워주기도 하면서 자신의 부탁을 하는 화법을 사용하기도 한다.

이러한 다소 친하지 않거나 영향력 차이가 나는 윗사람과의 대인관계에서 예의를 차리고 염치는 아는 것은 한국사회에서 '겸손하다' 또는 '예의가 있다'는 긍정적인 평가를 받게 되어 향후 친밀한 관계로 발전하기 쉽다. 그래서 우리는 체면을 어느 정도 체면을 차리는 예의와 염치를 중시하는 대인관계 문화가 형성된 것이다. 이와 반대로 행동하면 '가정교육이 형편없다'라거나 '후안무치한 놈'이라거나 '뻔뻔하다'라는 부정적인 평가를 받게 된다. 그래서 체면 차리기와 예의와 염치를 아는 것은 친하지 않은 대인관계의 사회적 규범이며 우리는 이에 따라 행동하도록 요구받는 것이다.

이러한 예의와 염치를 아는 것은 친하지 않거나 상대적 지위 차이가 나는 인간관계에서 기본 사회적 양식이며, 친해지고 싶을 때 행해지는 방식이며 대인관계의 상호 교환이다. 일종의 대인관계의 에티켓으로 보아도 무방할 것이다. 공적인 상황에서의 이러한 에티켓을 배우는 것은 중요하다. 무례한 사람으로 비춰지는 것을 경계하는 것이다. 또한 상대를 부정적으로 평가하거나 부정적으로 평가받는 것을 두려워하기 때문이다. 그래서 우리나라에서는 이러한 예의범절의 문화가 발달하였다. 이러한 예의범절은 사회생활에서 교양이자 에티켓이므로 부정적인 평가를 받지 않으려면 잘 알아둘 필요가 있다.

# 13.
# 체면과 격식과 모양새

체면 행동에는 일정한 모양새가 중요하다고 한다. 그 연유는 자신이 지각하는 체면 수준과 사회적으로 인정되는 체면 수준 사이에서 체면 행동이 결정되기 때문이다. 이러한 체면을 주관적 차원과 객관적 차원으로 놓고 생각하는 것이다. 주관적 차원은 대인관계 상황에서 개인의 자존심과 자신의 주관적인 가치평가와 관련된다. 이는 자신이 속한 공동체나 집단에서 자신이 다른 구성원으로부터 존중과 존경을 받아야 한다고 믿는 정도이다. 이에 반해 객관적 차원은 집단이나 공동체로부터 인정받는 자신의 사회적 지위이다. 그래서 개인의 체면 행동은 자신의 가치 있음과 사회적 인정 수준을 고려하는 것이다. 이것이 체면과 모양새의 결정 요인이다. 그런데 한국 사람들은 이러한 체면 행동을 극단적인 게임으로 보려는 경향이 있는 것 같다.

"양반은 물에 빠져도 개헤엄을 안 한다"라거나 "양반은 얼어 죽어도 곁불은 안 쬔다"라는 속담을 들어보았을 것이다. 이것은 지체 높은 사람은 아무리 곤궁한 처지에 있어도 내색해서는 안 된다는 의미를 내포하고 있다. 그것은 그를 믿고 따르는 부하들이나 후배들에게 권위가 없는 사람으로 비치는 것을 경계하기 때문이다. 또한 불필요한 오해의 소지가 있는 행동을 해서는 안 된다는 속담도 있다. "선비는 오얏나무 밑에서 갓끈을 고쳐 매지 않는다"라는 속담이 그것이다. 이것은 부정부패의 소지가 있는 상황에서 지도자의 처신을 말하는 것으로 오해의 소지가 있는 장면에 나타나서 세인들의 부정적인 평가를 받지 말라고 경계하는 것이다.

그래서 체면 있는 사람은 일정한 형식을 갖출 필요가 있는 것이다. 하지만 외부로 표현될 때에 너무 모양새에 신경을 쓰면 과도하게 겉치레에 신경을 쓰는 폐단이 있다. 또한 모양을 너무 안 갖추면 위엄이나 품위가 없다는 평가를 받게 된다. 이러한 일정한 형식주의는 의례적 수준과 규범 그리고 관행에 의해서 대체로 결정되는 것이 일반적이다. 그래서 한국 사람들이 자신의 직분이나 위치에 걸맞은 의례적 관행을 참고하게 되고 분수에 넘치지 않게 하는 것은 남의 이목이나 평판을 두려워하기 때문이다.

우리가 흔히 '체면을 구겼다'라거나 '체면이 말이 아니다'라는 표현을 쓴다. 이러한 말은 윗사람이 돼서 아랫사람 앞에서 비판 대상이 되거나 부정적인 평가를 받게 되는 상황에서 흔히 나오는 말이다. 평가 상황에서 우월적 평가를 못 받아서 체면이 구긴 것이다. 이것은 우월적 지위에 있는 사람의 모양새가 우습게 되었다는 말이다. 체면을 지키고 유지하는 것은 리더에게 중요한 규범적 욕망인데, 그것을 유지하지 못해서 체면이 떨어진 것이다. 그래서 우월적 지위에 있는 사람이 아랫사람 앞에서 부정적인 평가를 받게 되면 체면에 손상을 가져오고 권위나 평판 그리고 이미지 추락이라는 부정적인 결과를 초래한다. 그래서 체면 있는 사람들은 일의 모양새가 품위가 있어야 하며 긍정적인 평가를 받기 위해서 노력을 부단히 하는 것이다.

이러한 체면 지키기와 모양새에 관한 사례로 국무총리로는 처음으로 수뢰죄로 기소된 한명숙 총리에 관한 재판에서 검찰의 주장이 무죄로 판명이 나자 한 신문에서 다음처럼 보도하였다.

'법원이 어제 곽영욱 전 대한통운 사장으로부터 뇌물을 받은 혐의로 불구속 기소된 한명숙 전 총리에게 무죄를 선고했다. 짧은 시간에 돈 봉투를 처리하기가 사실상 불가능한데다 곽 전 사장이 위기를 모면하려고 기억과 다른 진술을 했다는 게 법원의 판단이다. 유죄 입증을 장담하던 검찰의 체면은 말이 아니게 됐다'

이어진 후폭풍으로 검찰의 권위와 평판은 땅에 떨어졌다. 검찰의 정치인 수사에 대한 공신력이 추락한 것이다. 그리고 이어진 다음 서울시장 선거에서 누구를 지지할 것인가에 관한 여론조사에서 한명숙 전 총리의지지율이 상승하였고 여당인 한나라당은 선거대책 마련에 부심하면서 노심초사한다. 이 점은 공권력의 상징인 검찰이 인기 정치인을 기소하고 그 기소가 부당하다는 법원의 판

결을 받으면서 벌어진 일이다. 검찰은 모양새가 완전히 구겨졌다. 그리고 부당한 기소라는 여론이 일고 야당 탄압이라는 야당의 거친 공세의 방향은 지방선거의 전체 판세에 옮겨갈 기세이다. 이처럼 체면이 떨어지고 모양새를 꾸기면 얼마나 많은 부정적인 평가를 받는지를 고려할 때 체면을 유지하고 모양새가 구기지 않도록 노력하는 것은 체면 있는 사람들의 사회적 규범이라고 할 수 있다.

# 14.
# 체면치레: 처세의 기본

체면 행동에는 일정한 모양새가 중요하다. 일정한 격식과 예의가 대인관계에서 중요하기 때문이다. 윗사람은 아랫사람을 배려하고 아랫사람은 윗사람을 어려워하는 것이 한국인의 대인관계의 기본이기 때문이다. 그래서 예의 문화가 발달한 측면도 있다. 하지만 이러한 예의와 격식이 형식적인 측면을 강조하면 체면치레 행위가 많아진다.

흔히 정치인들은 각종 행사나 모임에 나와서 금일봉을 주거나 축사를 한다든지 하면서 자신의 존재를 알리는 데 노력한다. 이는 물론 다음 선거에서도 당선되기 위한 전략이지만 행사나 모임에 참석한 사람들은 유명한 사람이 와서 모임을 빛내준다고 생각하고 고마워한다. 또한 이러한 체면치레 행위는 각종 촌지 문화의 근본이 되는 것이다. 이러한 전통사회의 한 풍습을 살펴보면 농경사회에서 결혼이나 추석, 기일에 남는 고기와 술을 마을 사람에게 나눠주고 같이 즐기는 우리나라의 전통에서도 잘 드러난다. 이처럼 집합주의 문화권인 우리나라는 집안이나 친척이나 이웃의 일을 같이 기뻐하고 안 좋은 이에는 같이 슬퍼하는 친밀한 관계문화인 것이다. 이러한 친밀한 관계문화는 경조사 문화의 의례적 수준의 공적 부조금을 주고받는다. 하지만 이러한 의례적 상호부조 관행은 법적인 제한이 없으면 무한대로의 촌지 문화로 발전할 수 있다는 점에서 문제 소지가 있는 것이다. 내 자식이 잘되고 내 남편이 잘되려면 있는 집에서야 얼마든지 촌지와 접대를 할 수 있는 것이다. 하지만 남의 이목이나 평판을 중시하는 우리나라 사회에서는 심한 경우 법적인 규제도 중요하지만 계도 활동을 하여 평등 지향적 사회에 걸맞은 치레치레 행위로서 서로에게 부담이 안 가도록 하여야 할 것이다. 법적인 규제가 심하면 보다 은밀해지고 암암리에 행해지므로 법적인 제재가 미치지 못하게 된다. 이는 정치가들의 행위가 이러한 일반인들의 행위의 모델이 되므로 정치가들을 완벽히 규제할 수 없는데다 일련의 정치 행위를 하려면 최소한의 체면치레 행위는 허용되어야 할 것이기 때문이다.

의례적 예의와 치레 행위는 한국인의 대인관계의 상호작용의 중요한 예절 행위이다. 흔히 명절이나 기념일에 선물을 교환하고 공적 부조를 하는 행위는 일정한 예의의 관행 수준에서 행해진다. 이러한 예의의 관습적 수준은 대인관계의 친밀도나 모임의 성격이 좌우하는 경우가 많다. 이러한 의례적 행위를 통해 우리는 모임을 발전시키며 보다 친밀한 관계로 대인관계를 설정할 수 있는 것이다. 그래서 이러한 예의와 관행을 준수하지 않으면 대인관계가 소원해지고 주변에서 소외당하는 불리점이 있다. 자신의 직분과 수준을 넘지 않는 범위 내에서라면 적극적으로 관혼상제(冠婚喪祭)에 참여하여 친목을 돈독히 하는 것이 우리나라 대인관계의 기본이며 처세의 기본이라고 하겠다.

# 15.
# 여성과 체면 욕구

우리는 흔히 여성은 자존심의 동물이라고 한다. 하지만 이러한 여성의 자존심은 한국사회에서는 사회적 자존심이라고 할 수 있다. 즉, 대인관계와 관련된 자존심이다. 이러한 예는 한국 여대생의 결혼조건을 조사한 결과에서도 알 수 있다. 여대생들은 주도 남성의 학력·배경이 중요한 결혼조건이라고 응답하였다. 즉 자신보다 평판이나 지명도가 높은 학교를 가진 남자와 혼인하기를 희망하는 것이다. 이것은 한국사회에서 학벌이 사회적 능력이나 지위나 평판에 중요한 결정요소임을 말하는 것이다. 그리고 성공한 한국 여성들은 자신의 학력 배경에 대해 자부심이 강하다고 하겠다. 그래서 한국 여성들은 자신보다 학벌이 상대적으로 낮은 남자를 부정적으로 평가하는 것임을 알 수 있다. 이것이 체면과 관련된 자존심이다. 이러한 자존심은 주로 한국 여성에게서 민감하게 작용한다고 볼 수 있다.

한국사회에 자존심은 주로 대인관계와 관련한 상황에서 자신에 대한 가치평가가 결정되는 상황에서 활성화된다. 이것은 주로 타인의 평가를 잘 받느냐 부정적으로 평가받느냐에 달려 있는 것이다. 그러므로 이것은 자기 내면의 가치 잣대로 자신을 평가하는 서구의 자존심과는 다른 개념이다. 한국인의 자존심은 체면의식이 활성화될 때 주로 작용하는 것이다.

그래서 흔히 신문기사에서 보는 자존심에 관한 기사는 주로 체면의식에 관한 것이라고 판단하면 무리가 없다. 예를 들어 'ㅇㅇ도민의 자존심을 건드렸다', '고향의 자존심을 세우기 위해서 일하겠습니다', '자존심이 구겨진 스타플레이어'라는 기사들은 대인 간 평가 상황이 체면의식으로 활성화되는 과정에서 자극되는 사회적 자존심이라고 봐도 무방할 것이다. 그래서 대인 간 상호작용에서 체면의식을 자극하고 상대방의 자존심을 자극하는 말과 행동을 하는 것은 대인관계를 불편하게 할 것이어서 정말로 친한 관계가 아니라면 체면의식을 활성화하는 말을 삼가는 것이 대인관계를 원만하게 하는 것이라고 할 수 있다. 물론 정치인들은 자신의 지역구나 고향에 대한 상대적 박탈감이나 소외감을 표현하면서 자신이 고향이나 지역구의 손상당한 자존심을 회복할 수 있는 적임자임을 명분으로 내세우며 선거운동을 하는 전략을 펴는 것은 한국인의 체면의식과 자존심과의 관계를 설명하는 데 유익한 시사점이 될 것이다.

# 5장

# 체면과 조직, 사회

# 16.
# 조직문화와 눈치

윗사람의 마음을 헤아리는 방법으로 한국인은 눈치가 발달하였다. 한국인의 눈치는 상대방의 마음을 읽는 기술이자 커뮤니케이션이다. 상내방의 내적의도, 심리상태 그리고 나에 대한 평가 등에 관한 정보를 언어적, 비언어적 단서를 사용하여 추론하는 것이다. 이러한 추론된 정보를 바탕으로 다시 눈치 보는 사람이 눈치 보는 상황에 적절한 커뮤니케이션을 하여 상황에 대처하는 것이다. 주로 영향력이 작은 사람이 눈치를 보는 것이 한국사회문화의 현실이다. 다시 말하면, 우리나라에서는 상대적으로 영향력 차이가 나는 체면 있는 사람들과 관계에서 또한 친밀하지 않은 관계에서 커뮤니케이션으로 체면을 보호하려는 속성을 지닌 눈치 커뮤니케이션이 발달하였다.

흔히 영향력 차이가 나는 대인관계에서 관계 설정하기가 어렵고 권위에 대한 불안을 느낄 수 있다. 하지만 우리는 이러한 관계를 눈치 커뮤니케이션을 통해서 어렵고 권위적인 상하관계를 해결한다. 우리나라는 지위 상급자나 평가 권력을 갖고 있는 상하관계에서 직접적인 커뮤니케이션과 간접적인 커뮤니케이션을 활용하여 대인관계를 원만하게 만드는 눈치 커뮤니케이션이 발달하였다. 그래서 눈치 보는 상황에서 지위 상급자의 체면을 고려하여 우회적으로 넌지시 말하는 간접화법을 통하여 지위 하급자는 자신이 할 말을 할 수 있는 것이다. 물론 상급자는 주로 직접화법을 사용하여 자신의 원하는 바를 말할 수 있다. 예컨대, "오늘 한잔 어때"라고 말하면, 하급자는 자신이 약속이 있건 없건 거절하기가 힘들다. 이때 거절을 잘 할 수 있는 거절처리 화법을 잘하는 것이 윗사람과의 대인관계를 원만하게 하는 것이다. 즉, 모처럼 상급자가 술 한잔하자고 했는데 거절하면 상대방의 체면을 손상하는 일이 되어서 나중에 인사평가나 호감에 관한 평을 할 때 하급자의 평판을 깎아 내리는 경우가 발생한다. 이때 거절처리 화법은 진짜 중요한 일이 있어야 하며, 부득이한 다른 일이 없으면 처음에는 술자리에 참석하여 한잔하면서 우회적으로 체면을 고려하여 넌지시 말하는 간접화법 형태를 보이는 것이 효과적이다.

그리고 상급자의 눈치를 잘 보는 사람으로 아부와 아첨에 능한 처세가가 있을 수 있다. 상대방을 칭찬하여 기분을 좋게 만들고, 체면을 세워줘서 기분을 좋게 만들고, 접대를 후하게 해서 기분 좋게 만드는 사람들이 이러한 부류와 관련이 있다. 이러한 눈치를 잘 보는 사람은 윗사람에도 필요하다. 현실적으로 아무리 훌륭한 지도자나 리더라도 완벽한 사람은 없으며, 약점이 있게 마련이고 자신의 약점을 메우려고 하는 과정에서 자신을 존경하고 우대하는 이를 마다할 리는 없는 것이다. 윗사람의 눈치를 잘 보고 교언영색하라는 것이 아니다. 상대방의 체면과 기분을 고려하여 윗사람의 약점과 보완할 점을 보완하는 꼭 필요한 사람이 되는 것이 처세의 지름길이다. 그리고 이러한 처세를 잘하기 위해서는 상대방이 필요한 것이 무엇이고 무엇을 원하는지를 파악해두는 눈치 기술이 요구된다고 하겠다.

# 17.
# 체면과 눈치

눈치 보는 일은 대체로 위계질서가 있는 조직사회에서나 연인 관계에서 흔히 일어나는 간접적 의사 표현을 파악하는 사회적 기술이라고 볼 수 있다. 또한 이러한 눈치는 유교문화적 서열 위주의 인간관계에서는 자신의 감정표현이나 원하는 것을 상대방의 기분이나 체면을 고려하여 넌지시 우회적으로 전달하는 일종의 상대 마음도 헤아리고 자신의 체면도 고려하는 상호작용이라고 말할 수 있다. 흔히 아랫사람과의 관계에서 윗사람은 자신의 신분이나 지위를 생각해서 자신의 심정을 잘 표현하지 않는 경우가 많다. 이는 사랑하는 연인 사이에서 언제 사랑을 고백할 것인가 연인의 눈치를 살피는 것과 유사하다.

그래서 아랫사람은 윗사람이 필요하고 원하는 것이 무엇인지를 알아내기 위해서 노력을 해야 하고, 윗사람은 자신의 평판이나 남의 이목을 두려워하지 않을 수 없기 때문에 눈치커뮤니케이션이 발달한 것이다. 이러한 눈치 보기는 친밀한 관계보다는 영향력차이가 나는 관계나 친밀하지 않는 사람들과 관계를 맺게 되는 상황에서 활성화되는 것이다. 이것은 자신의 자존심을 보호하고 다른 사람의 입장을 고려하는 성숙한 간접 커뮤니케이션이라고 말할 수 있다. 이러한 눈치 보기의 장점은 영향력 있는 상대방에게서 긍정적인 평가를 받고 흔히 인사고과나 승진 시에 긍정적인 요소로 작용한다. 또한 영향력 있는 평가자와 친밀한 관계를 형성할 수 있다는 점에서 향후 출세의 발판으로 작용할 수 있다는 점이다.

하지만 눈치 보기가 부정직한 방향으로 흐르면 친한 관계가 된 공식적인 인간관계에서 공사의 구분을 어렵게 하여 윗사람은 부정하게 부탁을 받아들여서 자신과 친한 사람을 좋은 자리에 배치시키고 아랫사람은 윗사람의 권세를 빌어서 허세를 부리는 호가호위로 발전하기도 한다. 이러한 점은 과거에 정경유착이란 부정직한 정치문화를 만들어내기도 하고, 일반 직장에서도 사내정치를 통한 자기 사람 심기와 인맥 만들기라는 부정직한 방향으로 나아가기도 한다. 물론 연고나 인맥 만들기는 긍정적인 대인관계이며 아무리 윗사람이라도 남의 이목이나 평판 이상의 자기 사람 만들기는 힘들다. 그러므로 도를 지나친 자기 사람 심기와 인맥 만들기는 결국은 자신도 남의 보는 평판을 넘어서기 힘들다는 점에 무엇보다도 자기관리가 중요하다고 할 수 있겠다.

신문 정치면을 보면 '김심은 누구 편인가'라는 기사를 한번쯤은 보았을 것이다. 그리고 이에 대한 해석이 구구절절하다. 가장 영향력 있는 분이 누구 편이냐, 누구를 총애하느냐는 것은 차기를 도모하는 정치가들에게 가장 중요한 정치 행위의 향배에 영향을 미칠 수 있기 때문이다. 이러한 체면 있는 분의 속마음이 무엇인지 직간접적으로 알아내려고 자신의 연줄을 총동원하여 눈치를 보고 서로 잘 보이려고 노력한다. 이때에도 눈치커뮤니케이션이 중요함은 물론이다. 그리고 윗사람의 마음이 자기에게 있다고 서로 주장한다. 이것이 한국적 커뮤니케이션인 눈치의 복합작용이다. 이러한 윗사람 눈치 보기의 행태가 정치적 의사결정과정에서도 중요한 관심사이고 수직적 의사결정이 중요한 출세의 관건이라면 체면 있는 사람에 대한 눈치 보기는 없어지지 않을 것이다. 이러한 수직적 의사결정과정은 밑에서부터 결정되어 올라가는 수평적 의사결정 규범으로 전환이 어느 정도 필요하다고 하겠다. 또한 여전히 한국사회는 수직적인 위계서열을 강조하는 유교사회 문화권에서 변화하기가 힘든 것이 현실이라면 윗사람의 도덕성과 인격에 엄격한 잣대를 들이대어 감시할 필요가 있는 것이다.

# 18.
# 체면을 내려놓아야 할 때:
# 체면과 연고와 인맥의 중요성

우리는 체면 때문에 하고 싶은 일이 있거나 말이 있어도 참는 경우가 많다. 어려운 부탁이나 청탁을 할 때에도 상대방의 부정적인 평가나 자신이 체면이 떨어지는 것을 두려워하기 때문이다. 이런 때에는 보통 연고나 친밀한 인맥을 통해서 해결하는 방법을 주로 사용한다. 보통 친구나 동문, 동향, 같은 지도교수의 문하생 같은 친밀한 인간관계가 동원된다. 또는 친밀한 인간관계로 발전을 위해 다방면으로 미리 노력을 해두는 경우도 있다. 주로 연고나 미리 만들어 놓은 인간관계를 통해 체면을 생각하지 않고 자기가 원하는 지식이나 부탁에 대한 평가를 알 수 있다.

이처럼 남의 이목과 평판을 두려워하는 한국사회에서 이러한 연유로 정으로 맺어진 연고주의가 발달할 수밖에 없는 배경인 것이다. 체면을 벗고 자신이 하고 싶은 말을 하거나 청탁이나 다소 힘든 부탁을 할 수 있는 대인관계가 한국사회에서는 매우 중요한 것이다. 공식적인 인간관계로 해결이 안 되는 것을 친밀한 인간관계를 통하여 해결하는 관행은 우리나라에서는 흔히 볼 수 있는 것이다. 그래서 체면을 내려놓고 하고 싶은 말을 하고 부탁하는 인간관계를 만들기 위해 우리는 부단히 노력해야 하는 것이다.

정치문화가 이러한 경향을 심화시킨 것이라는 점에는 의문의 여지가 없다. 지역을 연고로 하는 정당이 거대 정당으로 자리 잡으면서 정치인들은 자신의 정치 인생에 도움이 되는 지역유지나 영향력 있는 인물을 배려하지 않을 수 없다. 그리고 이러한 것은 정당이 집권하면 자신의 고향 출신이나 학연 등 연고 중심으로 행정 관료나 인재를 등용하지 않을 수 없게 한다. 이러한 연고에 기반을 둔 정당이 집권을 위해서 노력하는 이상 체면 있는 사람에 대한 줄 대기와 영향력 있는 사람에 대한 줄서기 관행은 없어지지 않을 것이며, 연고를 통한 눈치 보기와 서로 도와주고 끌어주기 문화는 없어지지 않을 것으로 보인다.

물론 이러한 연고주의의 폐해가 있지만 우리나라는 농경문화에 바탕을 둔 인정주의 문화가 발달한 국가이다. 지방 사람이 서울에 가서 아는 사람이 한 명도 없다면 얼마나 불안하겠는가. 동향이나 같은 학교 그리고 혈연에 의한 의존과 자신을 돌보아준 이들에게 보은 심리는 농경

문화의 장점이다. 국가나 사회의 경쟁력을 해치지 않는다면 이러한 연고주의는 집단적 구심점을 형성하고 인간관계의 문화를 형성할 것이다. 우리나라는 아무리 산업화가 되더라도 인정주의와 연고주의는 남아 있을 것이라고 생각된다.

그래서 의리와 보은의 관계는 혈연이나 학연 그리고 동향의 연고주의와 상호작용을 일으켜 자신의 인생역정에서 중요한 인간관계를 형성할 것이다. 그래서 눈치를 잘 보고 서로 필요하거나 아쉬운 점이 없는지 돌봐 주고 상응하는 대가로 의리를 지키며 각종 선거나 승진 인사철에 필요한 지식이나 정보를 제공하여 민심의 향방을 알려주어 처신이나 처세의 전략을 제공하는 것이 사회생활에서 친밀한 관계라고 보면, 눈치 없는 세상 물정 모르는 사람보다 눈치 빠른 처세가가 살기가 용이할 것이다. 우리나라의 상층 의사결정구조인 정치문화가 지역주의의 정당과 명분의 대결에 의한 정치 관점을 벗어나지 못하는 이상 한국문화에 살면서 연고에 의한 자기 사람 만들기와 인맥 만들기는 인간관계의 기본이라고도 할 수 있다.

# 19.
# 체면에 민감한 한국인

　체면 행위가 항상 정도를 걷는 것은 아니다. 한국인의 체면 행위가 타인의 평가를 의식한 자기 과시적 현시주의로 나타나서 겉치레와 형식주의에 빠지면, 전시행정, 호화혼수, 사치성 소비 등이 병폐에 빠지는 것이 그것이다. 이러한 현상이 벌어지는 이유는 한국 사람들이 체면에 민감하기 때문이다. 타인의 평가나 이목을 너무 중시한 나머지 형식에 너무 치중해서 나타나는 현상인 것이다. 이처럼 체면에 민감한 사람들의 특성은 이미지를 중시하며, 형식을 중시하는 사람이다. 또한 내적인 인품이나 성숙보다는 외적으로 보이는 이미지를 중시하는 사람들이다. 특히 부유층에서 자신의 품위와 권위를 보여주는 방식으로 이러한 이미지 중시 행태가 잘 나타난다고 하겠다.

그리고 자신의 지위나 신분을 간접적으로 노출하는 방식으로 한국 사람들은 자신의 학력을 자랑하며, 친밀도를 과시하는 특성이 있는 것으로 나타났다. 이러한 사람들을 우리는 흔히 주변에서 볼 수 있다. 자신의 지위나 신분을 은연중에 현시하여 높은 대우를 받으려고 하는 사람들의 특징이다. 이러한 체면에 민감한 사람들은 일종의 허세를 통하여 자신의 신분 상승이나 지위를 보장받으려는 의도로 행해진다고 볼 수 있다.

한국인은 허세가 심하다고 한다. 이것은 자신의 현실적 체면 수준을 허장성세를 통하여 상대방에 대해 합리적인 수준 이상의 높은 대우를 받으려는 것이다. 체면이 민감한 사람들의 특징이라고 말할 수 있다. 이러한 실속 없이 겉으로 드러나는 언행은 몰락한 양반이나 몰락한 기업체 사장 등이 대인관계 상황에서 자신에 대한 평가가 부정적으로 행해질 때 잘 드러난다. 자신의 과거를 들먹거리며 과거에 내가 어떤 사람이었는데, 이런 푸대접은 '나를 무시하는 것이다'라고 주장하는 일종의 보상심리의 방어기제가 작용하는 것이라고 볼 수 있다.

# 20.
# 체면과 인정

흔히 선거철이나 인사철이 되면 신문기사에서 아랫사람의 부정한 청탁을 받아서, 또는 부정하게 이권에 개입한 공무원이나 정치가에 관한 기사를 접하게 된다. 이것은 잘못된 체면 문화의 한 가지 행태이다. 누구나 연고가 있고 배우고 싶은 점이나 교류하고 싶은 장점이 있으면 인맥을 만들고 서로 친해지기 위해 노력한다. 이것은 산업화 시대를 살아가는 치열한 경쟁사회에서 당연한 것이다. 그러나 체면 있는 사람들의 부적절한 처신은 우리는 당황하게 만든다. 부정직하게 공무를 수행한 연유이다. 왜 이러한 일이 발생하는가? 이것은 학연이나 지연중심의 정당정치의 한 폐해라고 보인다. 공사를 구분하지 못하는 인정이나 정에 의지하는 선거방식이 이러한 원인으로 진단되며 사회전반의 과시소비처럼 자신의 직분을 망각하여 분수를 넘어서는 소비행동을 하는 전반적인 사회풍토에 또한 이러한 행동의 한 원인으로 보인다.

이것은 사회적 지위가 올라갈수록 청렴과 정직한 일처리를 요구받는 것이 긍정적으로 체면을 유지하는 것인데, 능력 이상의 체면 유지를 위해서 인정에 호소하다가 스캔들이 생기는 것이다. 일종의 정치가는 선거철에 자신을 지지한 유력자의 부탁을 안 들어 줄 수 없고 자신의 체면유지를 위하여 부정한 일이 벌어지는 것이다. 부정하지 않으면 체면유지가 어려운 공직자나 정치가가 있다는 것은 한국사회의 문제라고 할 수 있다. 흔히 접대문화를 한국의 체면 문화라고 불린다. 잘 보이고 싶은 사람에게 극진히 대접하는 것은 정상적이다. 하지만 정직하게 선거 정치를 할 수 있는 제도나 관행이 있는데도 이러한 일이 벌어진다면 큰 문제라고 하겠다.

그러므로 정치나 행정의 관행이 내 사람 심기 관행이 도를 지나친 경우에 체면 있는 사람에게 줄서기는 여전할 것이고, 능력도 안 되는 사람이 높은 자리를 유지하려면 과도한 체면유지 비용으로 인해서 부정한 뇌물이나 청탁을 받게 될 수밖에 없는 것이 현실이다. 하루빨리 정치가들이 국민의 눈치를 보는 정치문화와 투명한 행정 문화를 통해 개선해 나아가야 할 것으로 보인다.

이와 관련하여 한 가지 관련한 예를 들어보면 2010. 4. 13일 자 한겨레신문의 분석기사에서 '공무원들의 줄서기와 선거개입 또 극성'이라는 제목하에 다음과 같이 보도하고 있다.

'기초단체장 선거와 관련해서는 주로 공무원들이 학교나 지역 단체 등이 주관한 행사에 나가 단체장을 홍보하는 경우가 많았다. 경북 봉화군의 한 면장은 지난해 1월부터 지난 3월9일까지 경로당과 마을총회에 맥주, 음료수 등을 제공하며 "나는 군수의 은혜를 입었고, 사무관 승진을 시켜줬기에 군수를 찍어줘야 한다"고 말해 선관위에 적발됐다.

선관위는 2009년부터 올해 4월6일까지 지방선거 관련 선거법 위반 혐의로 선관위로부터 '경고' 조처를 받은 공무원은 모두 124명에 이른다고 밝혔다. 신학용 의원은 "선거를 앞두고 공무원 줄 세우기를 하는 현상은 자치단체장 권한 남용의 대표적인 사례"라며 "공무원 줄 세우기에 따른 민생 행정 공백이 우려되기 때문에 선관위가 특별감시반을 편성해 집중 단속에 나서야 한다"고 지적했다. 윤진원 전국공무원노동조합 대변인은 "2010년 지방선거를 위해 2009년부터 공무원들의 줄서기식 사전 선거운동이 급증한 걸로 보인다"며 "특히 지역기자·단체 등 지역 토착세력과 공생관계인 기초지자체장 선거구에서 공무원들의 선거법 위반이 더 많을 수밖에 없다"고 분석했다. '

이러한 기사에서 알 수 있는 사실은 인사나 승진에 대해 영향력이 큰 인물에 대한 줄서기는 과거나 현재에도 여전히 유효하며 효과적으로 상하관계를 대처하는 전략임을 알 수 있다. 이는 상급자가 원하는 거나 필요로 하는 것을 상급자가 알든 모르든 알아서 눈치껏 행동하는 것은 처세의 기본임을 암시하는 것이라 하겠다. 물론 불법적으로 하다가 적발된 것이 그리 많지는 않지만 합법적으로 행해지는 이러한 눈치 보기와 줄서기의 관행은 더 많을 것으로 생각된다. 아마도 불법이 아니라면 누구나 인간관계를 맺기 위해 노력할 것이다. 그리고 법적으로 규제하더라도 눈치 보기와 눈치 주기의 상호 커뮤니케이션을 통해서 암암리에 행해질 것으로 보인다. 이것은 한국 정치 문화의 연고주의적인 정당과 정당정치가 이념과 정책을 위한 정당으로 바뀌지 않는 이상 현 상태를 유지할 것으로 보이므로 각자가 알아서 처신할 문제로 보인다. 이처럼 우리나라는 대인관계 처세가 대우 중요한 출세의 덕목으로 보인다. 그러므로 처세를 위해서 우리는 합법적이고 사회의 기본을 해치지 않는 범위 내에서 영향력 있는 사람과의 관계를 위해 노력할 필요가 있을 것이다.

# 21.
# 체면과 사회적 동조

　　체면은 대인관계에서 지켜야 할 규범이고 지도자나 구성원이 유지해야 할 덕목이다. 우리나라의 회의 문화에서 보면, 상당히 자유로운 토론을 벌이다가도 결론을 내릴 때 보면 자기주장을 펴기보다는 집단의 지도자나 권위자의 의견을 존중하고 이를 따라가는 편을 선호한다. 왜냐하면 우리나라에서는 눈치를 안 보고 자기주장을 펴는 사람을 독선적거나 배타적이고 이기심이 강하다고 평가한다. 그리고 눈치를 잘 보는 사람을 남을 배려하거나 이해심이 있다는 평가가 상존해있기 때문이다. 그래서 개인의 이익이 집단의 이익과 상충될 때 개인의 이익을 포기하고 집단의 승인이나 인정을 받고자 하는 것이다. 그리고 향후 소속 집단에서 더 나은 사회적 지위나 보상을 기대한다. 그래서 연공서열이나 개인의 성과를 산정할 때에도 이러한 점이 반영되기도 한다. 집단의 권위를 인정하고 이를 따를 때 개인의 이익이 보장된다는 집단규범에 동조하는 것이다. 그래서 개인주의 규범을 주장하기가 힘든 문화인 것이다.

이러한 동조현상은 자신의 체면이 손상당하지 않고 집단과의 조화를 위해서 의도적으로 동조하는 것이라고 볼 수 있다. 이러한 집단과의 조화압력은 소비행태에서도 동조소비나 동조구매 현상을 만들어 낸다. 이러한 소비행태는 집단의 인정이나 승인욕구가 남보다 뒤떨어져서는 안 된다는 의식을 자극하게 되고 집단의 규범에 동조하려고 노력에서 발생하게 되는 것이다. 그래서 비이성적이고 비합리적 중산층의 명품구매 소비행태가 사회문제가 되는 것이다. 이러한 세태를 개선하기 위해서 합리적이고 실용적인 소비행위를 할 수 있도록 개인주의적인 가치규범을 내면화하는 소비자교육이 필요가 있는 것으로 보인다.

# 22.
# 체면유지와 과시소비와 과소비의 문제점

　이러한 동조현상은 우리나라에서는 흔히 볼 수 있다. 결혼할 때에 주변을 의식해서 자식을 기죽이지 않으려고 분에 넘치는 혼수를 하거나, 대학을 선택할 때 전공보다는 대학을 선택하거나 하는 등에서 잘 드러난다.

또한 자신의 체면을 생각하여 집단의 인정이나 승인을 받으려는 욕구가 강한 중산층이 상상도 못할 소비를 하는 경우가 신문에 오르내린다. 이는 경제적으로 부유한 사람만이 누릴 수 있는 인정과 승인의 욕구로 체면 욕구의 한 요인 때문이라고 할 수 있다. 문제가 되는 것은 경제적 부를 현시하는 것으로 보이는 것은 중산층들의 과소비 현상인 것이다. 부유한 자가 존경을 받고 자신의 부류에서는 일상적으로 인정되고 승인되는 현상이지만, 이에 준하는 사고나 판단을 하는 사람이 더 나은 삶을 위해서 저축을 하거나 자식의 재능을 고려하거나 실용적으로 판단하여 주차장이 없는데도 굳이 고급차를 살 필요가 없는 중산층에서 벌어지고 있다는 점이 문제인 것이다.

이러한 과시소비는 체면을 의식하고 자신의 미래 사고나 판단의 준거가 되는 집단의 승인이나 인정의 욕구가 작용한 것으로 보인다. 물론 이러한 과시 소비를 하더라도 성공적인 결과를 가져온다면 문제가 될 것이 아니지만 실패했을 경우에 부담은 고려하지 않는다는 데서 문제가 발생한다. 그리고 문제가 발생하더라도 체면 때문에 말을 못 하거나 쉬쉬해서 넘어가는 경우가 다반사다. 이처럼 과시소비가 실용주의적인 수준을 넘어서는 데서 문제가 발생하는 것이다. 자식이 잘되는 것을 마다할 부모가 어디 있겠는가? 그리고 자기가 속하길 원하는 집단의 승인이나 인정을 받는 것이 얼마나 중요한 인생과업인지를 아는 사람들은 실패의 부담감보다 개인적인 성취를 더 중요하게 생각하는 것이다.

그러므로 일정 정도의 과시는 체면 요소 중에서 자신의 성취에서 나오는 인정의 욕구이므로 탓할 것만은 아니다. 즉 일종의 자기를 먼저 보여주고 상대방과의 관계설정에서 인정받고자 하는 자기표현의 일종이라고도 생각해볼 수 있다. 하지만 일부 체면 유지에 민감한 사람들이 사회적 지위나 신분에 맞는 행위규범을 망각하고 지나치게 타인이나 집단에서 인정과 존경을 받으려는 데서 오는 반감으로 이해될 수 있다.

그러므로 실용적인 관점에서 보면 자신의 수입이나 경제력을 넘어서는 과소비는 지양되어야 할 것이다. 이러한 과소비를 줄이려면 자신의 지위나 신분에서 갖출 수 있는 품위나 교양 등 굳이 물질적인 부의 현시방식이 아니더라도 집단의 인정이나 존경을 받을 수 있는 사회적 교양이 필요한 것으로 보인다. 이러한 사회적 교양은 교육되고 홍보가 되었을 때 그 실용성이나 유용성이 대중의 소비심리에 파고들어갈 것이라고 생각된다.

# 6장

# 체면 문화의 정점

# 23.
# 체면 문화

　체면문화의 중 다소 부정적인 의미로 곧잘 전달되는 접대문화, 과시문화, 호칭 인플레 등이 있는데, 이러한 문화는 장, 단점이 있지만 사회적 비난이 없는 이상 계속될 것으로 전망된다. 그 이유는 자신의 체면을 세우고 남의 체면을 세워주는 문화가 체면문화로 발전했기 때문이다.

한국인의 공적인 만남에서 상대방의 체면을 치켜 세워주기는 매우 중요하며 이러한 이유는 체면이 세워졌느냐의 관건이 얼마나 다른 사람의 평가를 잘 받느냐에 달려있기 때문이다. 다시 말하면 우리나라는 자신이 주장하는 평가보다는 남이 세워주는 평가에 익숙한 문화여서 융숭한 대접을 해주면 상대방에게서 좋은 평가를 받았다는 인상을 갖게 되어 호감도가 높아지게 되는 것이다. 그래서 후한 접대를 하는 접대문화가 발달하였다.

그리고 과시문화로 꼽히는 것이 연예인들의 결혼처럼 인생에서 중요한 사건을 기념하기 위하여 호화혼수를 하거나 호화결혼식장을 사용하여 지인들을 초청하여 잘 대접하는 관행이 있다. 또한 분에 넘치는 명품을 구매하여 지인들에게 자랑하는 과시현상이 있다. 이것은 일종의 자기 현시욕구로 남에게 나는 잘 나가는 사람이라는 점을 집단으로부터 인정받고 싶어 하는 인정의 욕구이다. 그러니 너무 부자들의 호화결혼식을 나무랄 것만은 아니다. 그들은 남에 비해 부유하므로 금전적인 풍요를 타인에게 현시하여 자신의 노력과 행운을 인정받고자 하는 집단적 심리 특징을 가졌기 때문이다.

또한 호칭 인플레라는 사회적 현상이 인구에 회자되었다 이러한 현상이 생긴 이유에 대해 여러 가지 설명이 있지만, 존경받던 박사와 사장이 갑자기 우리나라에 많아지진 것이다. 이것은 경제의 급속한 성장과 뜨거운 교육열에 힘입은 결과이다. 그리고 벤처기업 열풍이나 해외연수나 유학 열풍이 불면서 많아진 결과이다. 이뿐이 아니다. 우리나라에서 과거 최고의 수입을 자랑하는 의사나 변호사도 급격히 많아지면서 이제는 다소 흔해진 고소득 직업군 중의 하나로 치부하는 시대가 된 것이다. 이러한 체면 문화는 사장이나 박사, 의사나 변호사가 과거에 얼마나 사람들의 선망이 대상이 되고 있었는지를 반영하는 것이라고 할 수 있다. 그리고 체면 문화가 없어지지 않는 이상 선망의 대상이 되는 직업을 구하려는 청년들이 많을 것이고 그러한 직업을 가지려고 재수 삼수하는 잠재적 실업자가 많아져서, 젊은이들의 재능을 사장시키는 결과를 가져올 수 있다. 하루빨리 자신의 적성과 재능으로 직업을 구하려는 실용주의적인 문화가 접목되어야 할 것으로 보인다.

이는 입신출세주의 유교문화의 또 다른 모습이다. 예로부터 우리는 출세를 하여 가문의 위상을 높이고 부모님에게 효도하고 이름을 드높이는 유교적인 교육 문화권이다. 그래서 체면 있다고 생각되는 지위와 신분이 되기 위해서 부모님의 열화와 같은 성원에 힘입어 소위 출세했다고 생각되는 자리까지 올라가려고 노력한다. 가장 쉬운 길이 교수가 되거나 사장이 되는 것이다. 그리고 소위 출세했다고 말하는 국회의원이나 장관 그리고 군수는 상대적으로 쉽지 않다. 그래서 가장 일반적인 의미에서 교수나 사장은 출세지향주의 문화에서 선망 대상이다. 또한 공무원으로 시작한 직업은 판검사나 군수 그리고 장관이 되어야 체면이 있다고 한다. 그래서 소위 말하는 판검사가 되기 위한 사법시험 열풍은 사회문제로 비화되자 지금은 로스쿨이라는 변호사 양성교육 기관으로 대체하게 되었다. 그리고 국회의원은 더욱 힘들다. 왜냐하면 국회의원이 되기도 어렵지만 국회의원으로서 중진이 되기는 더욱 어려운 한국현실은 감안하면 정치가가 되는 것은 큰 출세를 했다고 말할 수 있다. 하지만 이렇게 소수의 사람만이 출세하는 작은 분야도 있지만 그것을 원하는 한국 사람이라면 누구나 꿈꾸는 일이기도 하다.

그래서 한국문화에서 이렇게 소위 출세했다고 사람들이 말하는 지위나 신분이 되기 위한 노력은 타인의 이목과 평가를 중시하는 체면 문화가 압도하는 이상, 개인의 내면의 가치를 실현하는 것이 가장 보람 있는 삶이라는 개인주의적인 문화규범은 소수의 사람들에게나 통용되는 삶의 모습일 수도 있다. 그리고 소위 출세했다는 자신의 지위나 신분을 유지하려는 노력은 많은 사람에게서 존경의 대상이 되기도 하고 질시의 대상이 되기도 한다. 그리고 이러한 노력에는 정치적인 의사결정이 우리나라 상부구조의 의사결정이라는 것을 감안하면 지역에 연고를 둔 정당정치의 문제점인 줄서기와 줄 대기 그리고 눈치 보기 관행은 자신의 자리를 보존하기 하고 더 큰 출세를 위한 노력으로 부자나 공무원들 사이에서는 더욱 심하다고 볼 수 있다. 그래서 체면 있는 집안이나 사회적 지위에 있는 사람들에게는 엄격한 도덕적 인격을 요구되는 것이다.

# 24.
# 체면 문화와 대한민국 주류

한국에서 주류라고 하는 흔히 자타가 공인하는 평판 있는 집단은 대학, 하면 서울대, 기업, 하면 삼성, 주거지, 하면 강남이라고 한다. 하지만 서울대나 삼성 그리고 강남에 살 만한 사람은 대한민국에서 소수이다. 하지만 이러한 대한민국 주류의 생각은 한국인의 사고와 판단의 준거로서 작용한다. 이것은 남성보다 여성이 더욱 민감하다고 할 수 있다. 이러한 주류의 생각은 자신의 능력과 재능에 따르는 사회적 존재로 행복하게 사는 것도 중요하지만 소위 출세했다는 사회적 지위와 신분 상승 그리고 부유함에 대한 자신의 성취에 대한 자신의 노력을 인정받기를 추구하는 측면이 강하다. 그리고 이것은 서울대나 강남이나 삼성에 들어가기 위한 열망으로 나타나기도 하며, 우리의 교육문화를 강화시키는 역할을 하는 경향이 있다.

이러한 대한민국 주류 문화는 사회 전반에 심대한 영향력을 끼친다. 이러한 영향력은 우월감과 열등감을 자극할 수 도 있다. 대한민국 주류에 편입된 자들은 우월감을 가지고 세상을 남부럽지 않게 살며, 주류에 편입되지 못한 비주류 중에는 패자부활전을 꿈꾸며 해외 유학을 가기도 하고, 벤처기업을 창업하여 월급쟁이들이 꿈꿀 수 없는 부자가 되기도 하고, 학군 좋고 교통이 편리한 전원 주택에서 살기도 한다. 이러한 우월감과 열등의식은 체면을 의식하는 상황에서 체면이 손상된 비주류들의 저항에 직면할 수도 있다. 이런 점에서 모 교수는 주류의 비주류에 대한 배려가 부족하다거나 주류의 영향력이 한국처럼 강한 문화는 없다고 주장하기도 한다. 그리고 이러한 주류의 영향력을 줄이자고 주장한다. 물론 체면을 의식하고 체면 욕구가 활성화되면서 경쟁심을 자극하여 패자부활을 꿈꾸는 자에게는 좋은 모범으로 작용할 수도 있지만, 사회 전반에 미치는 영향력을 생각할 때 승자독식의 주류 문화의 규범은 패자부활의 숨통을 열어주는 배려가 필요한 것으로 보인다.

# 25. 상대방의 체면 세워주기의 긍정적 효과

상대방의 체면을 세워주면 우리가 기대할 수 있는 것은 개인적으로 친밀한 관계로 갈 수 있는 관계설정을 할 수 있다는 점이다. 흔히 이러한 상대방 체면 세워주기는 상대적으로 영향력 차이가 나거나 친밀하지 않은 관계에서 흔히 우리가 하는 인간 관계 방식이다.

흔히 우리는 남의 체면을 세워주는 방법으로 남을 치켜세워 주는 방식을 선호한다. 쉽게 말하면 찬사를 표현하기 전략이다. "그분을 존경한다", "세계적인 석학이다", "불세출의 영웅이다" 등 말로서 최고의 찬사를 아끼지 않는다. 이는 말의 중요성과 관련하여 얼마나 숙고해서 말해야 하는 지를 보여준다. 상대를 극존칭으로 대우하고 상대방의 평가를 올려주어 상대의 기분을 좋게 만드는 이러한 방식은 대인관계에서 매우 효과적이라는 점은 주지의 사실이다.

그리고 이러한 일종의 칭찬전략은 사람이 많은 데서 하는 것이 효과적이다. 자기의 평가에 관련된 평판이 올라간다고 생각하기 때문이다. 우리는 평판이 올라갈수록 자부심과 자긍심을 느낀다. 그리고 집단의 인정을 받는다는 생각을 하게 될 것이다.

그리고 상대방의 체면 세우기는 기대하는 것 이상으

로 대접해주는 방식이 있다. 이러한 상대방의 평가를 높여서 체면을 세워주면 상대방은 우리를 친밀하게 생각할 것이고 효과적인 대인 관계 전략이 될 것이다.

그리고 회사에서 회사원들의 기 살리기 차원에서 행해지는 기대 이상의 성과급이나 보너스를 주는 것도 우리나라의 체면 문화에서 보면 매우 긍정적인 것이다. 왜냐하면 회사에 대한 친밀도가 높아질 것이고, 충성심이 높아지기 때문이다. 한국인들처럼 체면을 숭상하는 민족에게 기를 살펴주고 기대치 이상의 평가를 하여 보너스와 성과급을 주는 일은 회사에 대한 충성심 경쟁으로 이어져 회사의 과업을 달성하는 효율적이기 때문에 회사에서도 손해 볼 일은 없는 것이다.

또한 상대방의 체면 욕구가 나의 체면 욕구를 압도하는 상황이 있다. 예를 들어 윗사람과의 관계가 그렇다. 이러한 경우에는 대체로 겸손한 처신이 효율적으로 상대방의 체면을 세워주는 효과가 있다. "덕분이 이렇게 잘 되었습니다" 등 이런 표현들은 상대방의 체면 욕구가 나를 압도하는 경우이다. 자신을 낮추고 상대방의 위신을 세워주는 언행을 하는 겸손 전략은 이러한 대인 관계 상황에서 매우 효과적이다. 이러한 겸손한 처신은 예의와 염치를 아는 사람이라는 평판을 얻게 된다.

또한 대인 관계에서 보면 상대의 체면 세워주기는 상대의 체면을 세워줌으로써 나의 체면을 세워줄 것이라는 기대감을 가지고 행해지는 것이 일반적이므로 개인적인 부탁을 할 때나 개인적인 목표를 위해 상대방의 영향력이 필요할 때에도 흔히 행해진다고 하겠다. 쉬운 예를 들어 보면 결혼식에서 보면 주례선생을 초빙할 때나 그리고 주례 부탁을 한 상대방에게도 똑같이 상대방 체면 세워주는 대인 간 상호작용이 표현된다는 것을 보면 알 수 있는 것이다.

# 26.
# 체면 있는 회사나 브랜드 명명 전략

한국에서 체면 있는 사람의 특징을 조사한 연구(중앙대, 사회심리연구실, 1994)가 있었는데, 결과는 영어와 외제를 사용하는 것으로 드러났다. 21세기 영어공부 열풍을 예측하는 조사였는데, 체면 있는 사람이 영어 능력이나 외제를 사용할 수 있는 재력을 가진 사람들이었였다.

그래서 체면 있는 사람처럼 보이거나 체면 있는 회사처럼 보이거나 상품처럼 보이려면, 브랜드나 상호를 영어로 하는 것이 효과적이라는 점이다.

우리나라는 체면 있는 사람들을 모방하거나 동조하는 집단주의 국가이므로 하다못해 동네 구멍가게라도 영어 간판을 다는 것이 마케팅에 효과적이라는 점을 알 수 있다.

영어는 한국 사회에서 체면을 중시하는 사람들이 막대한 비용을 들여 배우는 언어이며, 주요 대학 교수들 대부분이 미국에서 박사 학위를 받은 점을 고려할 때, 기업명이나 브랜드명을 영어로 짓는 것이 마케팅 측면에서 더 효과적일 수 있다는 점은 주목할 만한 연구 결과다. 이러한 결과는 실무에 적극적으로 응용할 필요가 있다.